SOLUTIONS RAISONNÉES

DES

PROBLÈMES DU SUPPLÉMENT.

SOLUTIONS RAISONNÉES
DES PROBLÈMES
DU SUPPLÉMENT,

PAR **J.-B. GAUTIER**,
Auteur de divers ouvrages élémentaires approuvés par le Conseil supérieur de l'Instruction publique.

PARIS,
CHEZ LANGLOIS ET LECLERCQ, LIBRAIRES,
rue de La Harpe, 81.

CARPENTRAS.
L. DEVILLARIO, IMPRIMEUR-LIBRAIRE.
1852.

SOLUTIONS RAISONNÉES

DES

EXERCICES ET PROBLÈMES

DU SUPPLÉMENT D'ARITHMÉTIQUE.

IV. PARTIE.

EXERCICES ET PROBLÈMES

Sur les divers systèmes de numération.

826. Les 40 premiers nombres entiers du système septimal sont :

1, 2, 3, 4. 5, 6, 10, 11, 12, 13, 14. 15, 16, 20, 21, 22, 23, 24, 25, 26, 30, 31, 32, 33, 34, 35, 36, 40, 41, 42, 43, 44, 45, 46, 50, 51, 52, 53, 54, 55.

827. Le nombre **212**, écrit d'après le système ternaire, correspond au nombre décimal **23.** En effet, dans le système ternaire, les chiffres ont une valeur de trois en trois fois plus grande à mesure qu'ils s'avancent vers la gauche. Donc, le premier chiffre **2** à droite n'a que sa valeur absolue et vaut **2**; le chiffre **1** a une valeur trois fois plus grande que sa valeur absolue et vaut **3**; enfin, le dernier chiffre à gauche **2** vaut trois fois trois ou neuf fois sa valeur absolue, c'est-à-dire dix-huit. On a donc :

$$2 + 3 + 18 = 23.$$

828. Les vingt-cinq premiers nombres du système binaire, qui n'a que deux chiffres, 0 et 1, sont les suivants :

1	2	3	4	5	6	7	8	9
1,	10,	11,	100,	101,	110,	111,	1000,	1001,

10	11	12	13	14	15	16
1010,	1011,	1100,	1101,	1110,	1111,	10000,

17	18	19	20	21	22	23
10001,	10010,	10011,	10100,	10101,	10110,	10111,

24	25
11000,	11001.

829. En adoptant les dix caractères du système décimal et les lettres *a* et *b* pour représenter la valeur absolue des nombres *dix* et *onze*, on écrira les cinquante premiers nombres du système duodécimal de la manière suivante :

1, 2, 3, 4, 5, 6, 7, 8, 9, *a*, *b*, 10, 11,
12, 13, 14, 15, 16, 17, 18, 19, 1*a*, 1*b*, 20,
21, 22, 23, 24, 25, 26, 27, 28, 29, 2*a*, 2*b*,
30, 31, 32, 33, 34, 35, 36, 37, 38, 39, 3*a*,
3*b*, 40, 41 et 42.

Remarque. Les exercices des nos 828 et 829 démontrent que l'écriture des nombres dans le système binaire est très laborieuse, tandis qu'elle se simplifie à mesure qu'on adopte plus de caractères ; mais, par compensation, moins la base a de chiffres, plus le calcul est simple, et plus la base a de caractères, plus la table de multiplication et les calculs se compliquent. Il suit de là que le système décimal et le système duodécimal sont en somme les plus avantageux.

830. En vertu des lois établies, on trouvera que le nombre 7*a*8*b* du système duodécimal correspond au nombre

décimal 13643. Pour opérer commodément ces transformations, on peut disposer l'opération comme suit :

$$
\begin{array}{lcr}
b = \ldots\ldots\ldots\ldots & & 11 \\
8 = \quad 8 \times 12 & = & 96 \\
a = \quad 10 \times 12 \times 12 & = & 1440 \\
7 = 7 \times 12 \times 12 \times 12 & = & 12096 \\
\hline
& & 13643
\end{array}
$$

831. La fraction 0, 3 du système septimal exprimerait *trois septièmes* d'unité.

832. On trouverait que la fraction duodécimale 0, 28 équivaut à la fraction ordinaire $\frac{28}{144}$ de notre système, et qu'en général les fractions duodécimales auraient des valeurs décroissantes exprimées par les fractions

$$\frac{1}{12} \quad \frac{1}{(12)^2} \quad \frac{1}{(12)^3} \quad \text{etc.}$$

EXERCICES ET PROBLÈMES

Sur les nombres premiers, la décomposition d'un nombre en ses facteurs premiers, etc.

833. Après avoir écrit à la suite les uns des autres la série naturelle des nombres impairs depuis 3 jusqu'à 199, on fera successivement disparaître, d'après la méthode indiquée dans le nº 360, d'abord les multiples de 3, puis les multiples de 5, de 7, de 9, etc., ce qui donnera les nombres premiers suivants compris entre 1 et 200 :

1, 2, 3, 5, 7, 11, 13, 17, 19, 23, 29, 31, 37, 41, 43, 47, 53, 59, 61, 67, 71, 73, 79, 83, 89, 97, 101, 103, 107, 109, 113, 127, 131, 137, 149, 151, 157, 163, 167, 173, 179, 181, 191, 193, 197, 199.

834. Si l'on avait poussé la série des nombres impairs jusqu'à **299**, on eût trouvé les nombres qui suivent pour les nombres premiers compris entre **200** et **300** :

211, 223, 227, 229, 233, 239, 241, 251, 257, 263, 269, 271, 277, 281, 283, 293.

835. Par la méthode du n° **351**, on trouvera que le nombre proposé **1750** a pour facteurs premiers les nombres **2**, 5^3 et **7**, ce qui conduit à cette expression :

$$1750 = 2.5^3.7.$$

836. On trouvera, par la même méthode, que **14175** a pour facteurs premiers 3^4 5^2 7, et l'on indique la relation comme suit :

$$14175 = 3^4.5^2.7.$$

837. On sait qu'il faut d'abord déterminer les facteurs premiers avec leurs diverses puissances, ce qui conduit à la formule $1404 = 2^2.3^3.13.$

Cela fait, pour trouver tous les diviseurs du nombre proposé, on suit la méthode du n° **352**, et l'on forme ainsi le tableau suivant :

1	3	9	27
2	6	18	54
4	12	36	108
13	39	117	351
26	78	234	702
52	156	468	1404

On voit, par ce tableau, que **1404** contient **24** diviseurs, et ce nombre est en effet celui que l'on pouvait désigner d'avance d'après la remarque du n° **353**, car les exposants des facteurs premiers conduisent à cette égalité :

$$3.4.2 = 24.$$

838. Puisque, d'après le problème 836, le nombre 14175 égale $3^4.5^2.7$, on aura en tout 30 diviseurs, dont il sera facile de former le tableau. C'est ainsi que l'on obtiendra :

1	3	9	27	81
5	15	45	135	405
25	75	225	675	2025
7	21	63	189	567
35	105	315	945	2835
175	525	1575	4725	14175

839. Une des principales raisons qui ont fait préférer l'ancienne circonférence à la nouvelle, est que le nombre 360 admet plus de diviseurs que le nombre 400. En effet, on a $360 = 2^3.3^2.5$ et $400 = 2^4.5^2$. Donc, 360 admet 24 diviseurs (remarque I, nº 353), tandis que 400 n'en admet que 15. Il faut avouer néanmoins que cette préférence est plutôt fondée sur d'anciennes habitudes, car la division centésimale était assurément plus commode pour le calcul.

840. Il est facile de reconnaître que le nombre 71307 n'est pas un nombre premier, parce que la somme des chiffres qui le composent donne un multiple de 9. En général, dans la recherche d'un nombre premier, il est utile de s'assurer d'un coup-d'œil si le nombre proposé n'est pas un multiple de 2, de 3, de 5 et de 9. C'est ainsi que l'on rejettera immédiatement les nombres 111, 507, 9171, etc.

841. D'abord le nombre 881 n'est multiple ni de 2, ni de 3, ni de 5; il reste donc à essayer s'il ne serait pas un multiple des nombres premiers suivants : 7, 11, 13, 17, 19, etc. Or, la division exacte de 881 par ces

nombres étant impossible, on doit en conclure que 881 est un nombre premier.

842. Il suffit pour cela (Remarque II, n° 354) d'essayer comme diviseurs la série des nombres jusqu'à 29 inclusivement, attendu que la racine carrée de 881 est comprise entre 29 et 30.

843. En décomposant les trois nombres 392, 1225, 245, en leurs facteurs premiers, on trouve que

$$392 = 2^3.7^2$$
$$1225 = 5^2.7^2$$
$$245 = 5.7^2$$

Par conséquent, le plus petit dividende commun demandé sera égal (n° 355) au nombre $2^3.5^2.7^2$, c'est-à-dire au nombre 9800.

844. Les quatre fractions $\frac{7}{36}$ $\frac{17}{30}$ $\frac{8}{75}$ $\frac{9}{80}$ peuvent se mettre sous la forme suivante :

$$\frac{7}{2^2.3^2} \quad \frac{17}{2.3.5} \quad \frac{8}{3.5^2} \quad \frac{9}{2^4.5},$$

ce qui permet d'indiquer sur-le-champ le plus petit dénominateur commun demandé. En effet, d'après le n° 355, ce dénominateur sera exprimé par $2^4.3^2.5^2$, c'est-à-dire 3600.

845. On a vu dans le n° précédent que $36 = 2^2.3^2$, $30 = 2.3.5$, $75 = 3.5^2$, $80 = 2^4.5$.

L'inspection seule de ces nombres ainsi décomposés en leurs facteurs premiers, suffit pour démontrer qu'il n'existe aucun commun diviseur entre les quatre nombres proposés.

846. En décomposant les nombres donnés **156**, **650**, **182**, on trouve que

$$156 = 2^2.3.13.$$
$$650 = 2.5^2.13.$$
$$182 = 2.7.13.$$

Par conséquent, en vertu de la règle du n° **356**, le plus grand commun diviseur demandé sera égal à **2.13**, c'est-à-dire à **26**.

847. Nous disons que tout nombre est divisible par **4**, lorsque les deux derniers chiffres à droite donnent un nombre divisible par **4**.

Soit, par exemple, le nombre **516**, dont les deux derniers chiffres à droite donnent **16** qui est divisible par **4**. On peut décomposer **516** en deux parties : **500** + **16** ; or, la première partie **500** est multiple de **100** et par conséquent de **4**, puisque **100** = **4.25**. Donc, en vertu des principes généraux rappelés au n° **346** (deuxième principe), chaque partie du nombre **516** étant un multiple de **4** sera divisible par **4**, et la somme de ces parties sera elle-même divisible par **4**.

Le même raisonnement peut s'appliquer à tout autre exemple ; donc, le principe est général.

848. Puisque, par hypothèse, le nombre proposé est à la fois divisible par **2** et par **3**, les deux nombres **2** et **3** feront partie des facteurs premiers de ce nombre, et la méthode indiquée pour trouver tous les diviseurs d'un nombre nous démontre que **6** ou **2** fois **3** sera nécessairement l'un des diviseurs : donc, enfin, le nombre proposé sera divisible par **6**.

849. Cette démonstration est entièrement analogue à celle du problème **847**. Soit, par exemple, le nombre **15832**, dont les trois derniers chiffres **832** sont divisibles par **8.** Nous disons que le nombre entier sera également divisible par **8.** En effet, le nombre **15832** est décomposable en deux parties : **15000 + 832.** Or, **15000 = 15.1000 = 15.125.8**, ce qui prouve qu'un nombre exact de **1000** est toujours un multiple de **8.** Par conséquent, **15000** et **832** sont deux multiples de **8**; par conséquent aussi, la somme de ces deux multiples ou **15832** sera divisible par **8.** Le même raisonnement s'appliquerait à tout autre exemple.

850. Si le nombre proposé est à la fois divisible par **5** et par **9**, **5** et 3^2 font partie des facteurs premiers de ce nombre, et la manière de former le tableau de tous les diviseurs du nombre nous apprend que **5.9** ou **45** devra nécessairement faire partie de ces diviseurs.

EXERCICES ET PROBLÈMES

Sur quelques simplifications importantes à introduire dans la multiplication et la division des nombres décimaux.

851. D'après la méthode d'abréviation exposée nº **360**, on disposera les facteurs de la manière suivante :

Multiplicande	37,81469457
Multiplicateur renversé . .	5481 756

en ayant soin de placer le chiffre **6** des unités du multiplicateur sous le chiffre **4** des millièmes du multiplicande, attendu que le produit est demandé à moins d'un *centième* ; puis, de renverser les chiffres du multiplicateur. L'opération effectuée donne pour produit **248,51.**

852. Par la même méthode, on disposera les facteurs comme suit :

Multiplicande	8 09171634
Multiplicateur renversé. . .	27321642

Ici, le chiffre **4** des unités du multiplicateur doit correspondre au chiffre **7** des dix-millièmes du multiplicande, puisqu'on demande le produit à un *millième* près. Le produit effectué sera **199,156.**

853. En suivant toujours la même méthode, on disposera ainsi les facteurs :

Multiplicande.	152,379804
Multiplicateur renversé. . . .	8307,54

Le chiffre **4** des unités est placé sous le chiffre **7** des centièmes, c'est-à-dire à un rang inférieur au degré d'approximation demandé. On obtiendra pour produit **696,4.**

854. Pour rester fidèle à la méthode du n° **360**, on devra disposer les facteurs comme suit :

Multiplicande	5307693
Multiplicateur renversé . . .	8347

Le chiffre **4** des unités est placé sous le chiffre **6** des centaines du multiplicande, et le multiplicateur se trouve ensuite convenablement renversé ; tous les produits partiels dans cette multiplication exprimeront des centaines ; en effet, le chiffre **7** des dizaines du multiplicateur correspond au chiffre **9** des dizaines du multiplicande ; or, des dizaines, multipliées par des dizaines, donnent des centaines. Le chiffre **4** des unités du multiplicateur, placé sous les centaines du multiplicande, donne un produit partiel de centaines ; de même, les trois dixièmes du multiplicateur correspondant aux mille du multiplicande donneront encore des centaines, car 1000 × 0,1 = 100. Enfin, l'on prouverait aussi que des centièmes, multipliés par des dizaines de mille, fournissent des centaines, car 10000 × 0,01 = 100.

On voit, par ce qui précède, que le procédé du n° 360 est complètement applicable à la solution de ce problème.

L'opération effectuée, on trouve pour produit 394786,000.

855. Il est évident qu'on obtiendra le volume demandé en multipliant 1^{l},108943 par 23,75, et en appliquant la méthode ci-dessus, on simplifiera l'opération par la disposition suivante :

$$\begin{array}{r} 1^{l},108943 \\ 5732 \\ \hline \end{array}$$

Le chiffre 3 des unités du multiplicateur est placé sous les millièmes du multiplicande, parce qu'on demande le produit à un centilitre près. L'opération effectuée donne pour résultat 26^{l},33.

856. Comme la dilatation est proportionnelle à la longueur, on obtiendra la dilatation cherchée en multipliant 0^{m},0176425 par 124^{m},5, et comme on désire le produit à un décimètre près, on disposera les facteurs de la manière suivante :

$$\begin{array}{r} 0.0176425 \\ 5421 \\ \hline \end{array}$$

Cette multiplication donne pour produit 2,2, c'est-à-dire que les 124^{m},5 ont subi une dilatation de 2^{m},2.

857. Si un franc de mise produit 0^{f}.0854692, une mise de 2475 produira un bénéfice 2475 fois plus grand ; une simple multiplication fera donc connaître ce

bénéfice, et comme on demande le résultat à un franc près, voici quelle sera la disposition des facteurs :

$$\begin{array}{c} 0^{f}.0854692 \\ 5742 \\ \hline \end{array}$$

On trouve au produit **210^{f},3** pour le bénéfice demandé.

858. On trouverait de même que le bénéfice de **8500^{f}** sera donné par le produit des deux facteurs disposés comme suit :

$$\begin{array}{c} 0^{f},0854692 \\ 0058 \\ \hline \end{array}$$

L'opération effectuée fournit pour résultat **726^{f},3** de bénéfice.

859. Cette question est analogue aux deux précédentes ; on disposera donc les facteurs de la multiplication comme suit :

$$\begin{array}{c} 0^{f}.2890973. \\ 06551 \\ \hline \end{array}$$

et l'on obtiendra pour la perte demandée **4498^{f},1.**

860. D'après le théorème du n° **364**, il sera inutile d'ajouter trois zéros à la droite du diviseur pour effectuer l'opération. On divisera donc d'abord **78** par **17**, ce qui donnera au quotient un chiffre après lequel on placera la virgule décimale, et l'on continuera l'opération en abaissant successivement à côté des restes obtenus les trois décimales du dividende ; c'est ainsi que l'on obtiendra le quotient **4.609** à **0,001** près. On a en effet :

$$\frac{78,354}{17} = 4^{f},609.$$

861. Comme le diviseur **800** est terminé par deux zéros, on commencera par diviser le dividende et le diviseur par **100** (ce qui n'altère pas le quotient n° **339**), et l'opération sera ramenée à la division de **5,226** par **8**, laquelle donne :

$$\frac{5,226}{8} = 0,653.$$

862. Ici, comme dans le cas précédent, pour ramener l'opération à un diviseur qui soit un nombre entier terminé par un chiffre significatif, on divisera le dividende et le diviseur par **1000**, ce qui ramène le calcul à la division de **6,048** par **24**, division qui donnera **0,25** pour quotient à **0,01** près.

863. On trouvera évidemment le résultat demandé pour une minute en prenant la 60me partie de **14** litres, et l'on aura :

$$\frac{14}{60} = \frac{1.4}{6} = 0^{l},233$$

Si l'on divise ensuite ces **233** millilitres par **60**, on aura pour le suintement par seconde $0^{l},0039$, c'est-à-dire **39** dix-millilitres.

864. La sonde a pénétré de la 7000me partie de **25** mètres par tour ; on aura donc :

$$\frac{25}{7000} = \frac{0\ 025}{7} = 0^{m},0035.$$

865. Pour effectuer cette division et ramener le diviseur à un nombre entier, on multipliera le dividende et le diviseur par **100**, et le calcul sera ramené à la division de **14517** par **318**, laquelle donne **4,56** pour quotient à **0 01** près.

866. D'après la définition de la division, on obtiendra le nombre inconnu en divisant **0,94765** par **0,057.** Or, d'après le théorème précité n° **364**, le calcul sera ramené à la division du nombre **947,65** par **57**, ce qui donnera au quotient **16,63** pour le nombre cherché.

867. Dans cet exemple comme dans l'exemple précédent, l'opération est ramenée à la division de **0,0783** par **9**; or, cette division donne pour quotient : **0,0087** à **0,0001** près.

868. Suivant l'énoncé du problème, on obtiendra la longueur de la circonférence demandée en multipliant **4m,62** par le nombre constant que l'on désigne par la lettre grecque π ou bien encore (n° **332**) en multipliant π par **4m,62**; et puisqu'on demande le produit à un décimètre près, on disposera les facteurs comme suit :

3,14159265
264

L'opération donnera **14m,5** pour la longueur de la circonférence demandée.

869. Il faut d'abord, d'après l'énoncé du problème, chercher le carré du rayon qui est ici (**0m,217** $\times$ **0,217**) $=$ **0m,047089**; mais comme le produit est demandé à un centimètre carré près et que ce produit exprime une surface, on doit se rappeler (*Arith.*, n° **169**, *pages* **137** et **138**) qu'un mètre carré vaut **10000** centimètres carrés; par conséquent, demander le produit à un centimètre carré près, c'est le demander en réalité à un dix-millième près, ce qui exige la disposition suivante des facteurs :

3,14159265
9807400

En effectuant l'opération, on trouvera que la surface demandée est égale à 0m.car.,1479, c'est-à-dire à 14 décimètres 79 centimètres carrés.

870. Pour trouver le volume d'un cube, il faut, on le sait (nº **188**, *Arith.*, page **147**), multiplier d'abord l'arête par elle-même, ce qui donne une surface carrée, puis multiplier cette surface encore une fois par l'arête ; en d'autres termes, deux multiplications sont nécessaires pour avoir le volume d'un cube : la première fournit une surface carrée, et la seconde le volume demandé. Or, pour obtenir le degré d'approximation exigé, on doit, dans la première opération, tenir compte des décimètres carrés qui sont ici des centièmes d'unité, et donner par conséquent la disposition suivante aux facteurs :

2m,315478
8745132

Cette première multiplication donnera 5m.car.,36. Ce résultat doit être multiplié par l'arête ou réciproquement, afin d'obtenir le volume du cube. Or, le mètre cube (nº **181**) vaut **1000** décimètres cubes, ce qui exige que le produit soit cherché à un *millième* près. On donnera donc aux facteurs la disposition suivante :

2m 315478
635

multiplication qui donnera pour produit 12m.cub.,411, c'est-à-dire que le volume demandé vaut **12** mètres cubes **411** décimètres cubes.

EXERCICES ET PROBLÈMES

Sur les fractions périodiques.

871. On sait (nº **367**) que la fraction **0,0037** est équivalente à la fraction vulgaire $\frac{37}{10000}$.

872. Le nombre décimal **8,21** est égal à

$$8\ \frac{21}{100}\ \text{ou bien encore à}\ \frac{821}{100}.$$

873. D'après le nº **368**, la fraction vulgaire demandée est :

$$\frac{72}{99}\ \text{ou bien}\ \frac{8}{11}.$$

874. Par la même raison, la fraction périodique simple 8,348034803480... peut être remplacée par la fraction vulgaire $\frac{3480}{9999}$, et cette fraction, divisée par 3, donne $\frac{1160}{3333}$.

875. Suivant la règle du nº 369, la fraction vulgaire équivalente à la fraction périodique mixte sera :

$$\frac{54237 - 54}{99900} = \frac{54183}{99900}.$$

876. Toute fraction décimale périodique indéfinie peut toujours être exprimée d'une manière finie au moyen des règles ci-dessus. On trouvera donc, en vertu de la troisième règle, que la fraction décimale donnée pourra être remplacée par la fraction vulgaire qui suit :

$$\frac{6423 - 642}{9000} = \frac{5781}{9000} = \frac{1927}{3000}$$

877. Cette proposition réciproque du théorème I, nº 371, est implicitement renfermée dans les trois théorèmes que nous avons démontrés dans les nºs 371, 372 et 373. Ainsi, nous admettons par hypothèse que la fraction irréductible donnée ne contient que les puissances de 2 ou de 5 seules ou combinées, et nous disons que cette fraction vulgaire, traduite en fraction décimale, donnera lieu à une fraction décimale *finie*. En effet, la fraction vulgaire ne pourra donner lieu ni à une fraction périodique simple ni à une fraction périodique mixte, car, dans l'un et l'autre cas, ces deux fractions auraient pour origine une fraction vulgaire dont le dénominateur contiendrait des facteurs étrangers à 2 et à 5, ce qui est contraire à l'hypothèse.

Mais la proposition dont s'agit peut être démontrée directement. Soit donc une fraction irréductible qui ne contienne au dénominateur que des puissances de 2 ou de 5 seules ou combinées. On se rappelle que le procédé du nº 134 (*Arith.*, page 103) consiste à multiplier le numérateur de la fraction par 10, 100, 1000, etc., c'est-à-dire par 2.5, $2^2.5^2$, $2^3.5^3$, etc. Or, n'est-il pas évident qu'en prolongeant l'opération on doit forcément rencontrer un multiple du numérateur? Par conséquent, arrivée à ce multiple, la division doit se terminer; c'est d'ailleurs ce que le problème suivant servira à éclaircir.

878. Prenons pour exemple la fraction irréductible $\frac{17}{40}$ laquelle est égale à $\frac{17}{2^3.5}$. Nous disons :

1º Que cette fraction, traduite en fraction décimale, donnera lieu à une fraction *finie*;

2º Que cette fraction finie aura trois chiffres décimaux, c'est-à-dire un nombre de décimales égal au plus haut exposant du facteur 2 du dénominateur de la fraction proposée. En effet, si l'on multiplie le numérateur de la fraction $\frac{17}{40}$ ou $\frac{17}{2^3.5}$ par 1000, on aura $\frac{17000}{40}$ ou bien $\frac{17.2^3.5^3}{2^3.5}$. Or, sous cette forme, on voit très-bien que le numérateur est devenu multiple du dénominateur; le quotient sera donc entier. L'opération donne, en effet, 425, et comme ce quotient est 1000 fois trop grand, on a pour la fraction décimale demandée 0,425.

D'un autre côté, il est évident que le numérateur ne deviendra multiple du dénominateur qu'à la condition que ce numérateur sera multiplié par les facteurs 2 et 5 avec un exposant égal au plus haut exposant de ces facteurs dans le dénominateur.

879. Cette proposition est la réciproque du n° 372. Il s'agit donc de démontrer qu'une fraction irréductible qui ne contient au dénominateur aucune puissance de 2 et de 5, doit donner naissance à une fraction périodique simple. En effet, la fraction irréductible proposée ne peut produire une fraction décimale finie, car celle-ci étant équivalente (n° 371) à une fraction dont le dénominateur ne contient que les puissances de 2 et de 5, la réduction de cette fraction à sa plus simple expression ne pourrait jamais donner une fraction égale à la fraction proposée.

D'un autre côté, la fraction décimale ne peut être une fraction périodique mixte, attendu que cette dernière (n° 373) est forcément équivalente à une fraction irréductible dont le dénominateur contiendra certaines puissances de 2 et de 5, ce qui est contraire à l'hypothèse. Il suit de là que la fraction irréductible proposée doit necessairement produire une fraction périodique simple.

880. Il n'est pas possible de déterminer *à priori* de combien de chiffres se composera la fraction périodique simple ; mais on peut assigner d'avance une limite que le nombre de décimales dont se compose la période ne pourra dépasser. Prenons pour exemple la deuxième opération de la page 333 : quand on a voulu réduire $\frac{13}{37}$ en fraction décimale, la période 351351..... s'est déclarée après le troisième chiffre ; or, nous disons que l'on ne pouvait d'avance savoir si cette période aurait 3 chiffres ; tout ce qu'on pouvait dire, c'est que la période n'aurait pas 37 chiffres, mais elle aurait pu en avoir 36. En effet, puisque le diviseur 37 est *constant,* les restes successifs de la division peuvent être 1, 2, 3 . . . . 33, 34, 35, 36. Il résulte de là qu'après 36 opérations *au plus,* on doit nécessairement retrouver le premier dividende : nous disons ici *le premier dividende,* car sans cela la fraction serait périodique mixte, ce qui est contraire à l'hypothèse. Comme exemple remarquable, on peut citer la fraction $\frac{1}{29}$ qui donne lieu à une fraction périodique simple de 28 chiffres.

881. Cette proposition est la réciproque du nº 373. Comme celles que nous avons traitées ci-dessus, cette proposition est implicitement renfermée dans les trois théorèmes des nºs 371, 372, 373. Nous disons donc qu'une fraction irréductible, dont le dénominateur se compose des facteurs 2 et 5 combinés à d'autres facteurs premiers, doit nécessairement conduire à une fraction décimale périodique mixte. En effet, la fraction décimale résultante ne peut être une fraction décimale finie, attendu que celle-ci est elle-même égale à une fraction ordinaire dont le dénominateur contient exclusivement les facteurs 2 et 5, fraction

qui, réduite à sa plus simple expression, ne pourra être égale à la fraction proposée.

Nous disons, en outre, que la fraction décimale résultante ne peut être une période simple, car celle-ci est égale à une fraction vulgaire qui exclut les facteurs premiers 2 et 5, ce qui est contraire à l'hypothèse ; donc, enfin, la fraction irréductible proposée produira une fraction périodique mixte.

882. Pour fixer les idées, soit la fraction ordinaire irréductible $\frac{53}{280}$, laquelle est égale à $\frac{53}{2^3.5.7}$. Nous disons que cette fraction, réduite en fraction décimale, donnera lieu à une fraction périodique mixte qui aura trois chiffres étrangers à la période ; nous disons trois chiffres, attendu que le plus haut exposant des facteurs 2 et 5 contenus dans le dénominateur est le chiffre 3.

En effet, si l'on multiplie la fraction proposée par 1000, c'est-à-dire par $2^3.5^3$, on aura :

$$\frac{53}{280} \times 1000 = \frac{53.2^3.5^3}{2^3.5.7} = \frac{53.5^2}{7}.$$

Or, en vertu du problème nº 879, cette dernière fraction irréductible $\frac{53.5^2}{7}$ doit nécessairement donner lieu à une fraction périodique simple, c'est-à-dire à une période dont le premier chiffre commencera au chiffre des dixièmes ; mais cette fraction périodique, précédée ou non d'unités entières, est 1000 fois plus grande que la fraction proposée $\frac{53}{280}$; il faudra donc, pour la ramener à sa juste valeur, avancer la virgule de trois rangs vers la gauche : donc, avant la période, il y aura trois chiffres étrangers à cette période, ce qu'il fallait démontrer.

Il est facile de voir que cette démonstration est générale ; en effet, pour que les facteurs 2 et 5, contenus dans le dénominateur de la fraction ordinaire, puissent être chassés, il faut nécessairement multiplier le numérateur de cette fraction par la puissance de 10 qui aura les exposants de ses facteurs premiers 2 et 5 égaux à la plus haute puissance de ces mêmes facteurs dans le dénominateur de la fraction proposée. Cette dernière condition est *nécessaire* et *suffisante*.

883. On vient de voir, par toutes les propositions précédentes, que les facteurs qui entrent dans la composition du dénominateur permettent d'énoncer *à priori* de quelle espèce sera la fraction décimale résultante ; or, il faut pour cela que la fraction que l'on considère soit nécessairement irréductible ; sans cela, on pourrait multiplier les deux termes de la fraction par un facteur quelconque sans altérer la valeur de cette fraction, et l'on conçoit que tous les caractères que nous avons signalés dans les nos **371, 372, 373** n'auraient plus aucune importance.

884. Pour répondre à cette question, il suffit de décomposer le dénominateur de la fraction proposée en ses facteurs premiers, ce qui donne $\frac{17}{80} = \frac{17}{2^4.5}$; or, sous cette forme, on voit sur-le-champ, d'après le problème **877**, que la fraction décimale résultante sera une fraction finie.

885. Il suffit encore de jeter les yeux sur la décomposition du dénominateur de la fraction $\frac{17}{80}$ ou $\frac{17}{2^4.5}$ pour être certain que l'opération se terminera après la quatrième décimale, puisque le facteur premier 2 du dénominateur a le chiffre 4 pour exposant. On trouve en effet que $\frac{17}{80}$ égale 0,2125.

886. Décomposons en facteurs premiers les dénominateurs 4, 3, 32; 20, 12, 56 des fractions irréductibles proposées, nous aurons les fractions suivantes :

$$\frac{3}{2^2} \quad \frac{2}{3} \quad \frac{23}{2^5} \quad \frac{7}{2^2.5} \quad \frac{1}{2^2.3} \quad \frac{31}{2^3.7}.$$

Sous cette forme, et en vertu des problèmes 877, 879, 881, on voit de suite que la fraction $\frac{3}{4}$ donnera lieu à une fraction finie de deux décimales ; on trouve, en effet, que cette fraction équivaut à 0,75.

La fraction $\frac{2}{3}$ donnera une fraction périodique simple qui est 0,66666......

La fraction $\frac{23}{32}$ ou $\frac{23}{2^5}$ conduit à une fraction finie de 5 décimales. On trouve, en effet, pour la fraction équivalente 0,71875.

La fraction $\frac{7}{20}$ ou $\frac{7}{2^2.5}$ donnera une fraction finie de 2 décimales qui est 0,35.

La fraction $\frac{1}{12}$ ou $\frac{1}{2^2.3}$ donne lieu à une fraction périodique mixte, dont la période sera précédée de 2 chiffres décimaux ; on trouve, en effet, pour la fraction décimale demandée : 0,08333...

Enfin la fraction $\frac{31}{56}$ ou $\frac{31}{2^3.7}$ produit encore une fraction périodique qui aura trois décimales avant la période.

887. De même que l'on peut savoir *à priori* à quel résultat conduit une fraction ordinaire irréductible, de même rien n'est plus facile, en s'aidant du principe 371, que de trouver sur-le-champ telles fractions vulgaires que l'on voudra donnant un nombre de chiffres décimaux déterminés. Veut-on, par exemple, une fraction ordinaire qui donne 4 chiffres décimaux? il suffira de prendre à volonté l'une des fractions suivantes :

$$\frac{17}{2^4.5} \qquad \frac{13}{5^4} \qquad \frac{27}{2^4.5^2} \qquad \text{etc.}$$

fractions dans lesquelles le numérateur est un nombre premier tel que 17, 13 ou tout autre nombre étranger aux facteurs 2 et 5, et dans lesquelles le dénominateur ne contient que des puissances de 2 et de 5 seules ou combinées, mais de manière que le plus haut exposant ne dépasse pas 4, c'est-à-dire le chiffre fixé pour le nombre des décimales qu'on veut avoir.

888. Nous avons dit, problème 880, que lorsqu'une fraction ordinaire donnée doit conduire à une fraction périodique simple, il n'est pas possible de déterminer d'avance le nombre de chiffres dont se composera la période; mais il n'en est pas de même de la réciproque; en d'autres termes, il est facile de désigner la fraction ordinaire qui doit produire une fraction périodique simple d'un nombre de chiffres désigné d'avance. Soit donc proposé pour exemple de trouver la fraction ordinaire qui donnera naissance à une période de cinq chiffres; il suffit, pour cela, d'écrire une fraction dont le numérateur sera composé de 5 chiffres pris au hasard, et dont le dénominateur aura autant de 9 qu'il y a de chiffres au numérateur; telle serait la fraction $\frac{31047}{99999}$, laquelle donne en effet la période 0,3104731047.

Si la fraction que l'on a choisie est susceptible de simplification comme celle de l'exemple ci-dessus, on pourra la simplifier et même la réduire à sa plus simple expression.

Remarquons encore que si, au lieu de prendre la fraction simplifiée, on choisit celle qui n'a que des 9 au dénominateur, les chiffres de la période seront précisément les mêmes que ceux du numérateur.

889. Admettons, par exemple, que l'on demande une fraction périodique simple de trois chiffres. Rien de plus facile que la détermination d'une fraction ordinaire qui donnera 3 chiffres à la période ; il suffit, pour cela, de prendre une fraction ordinaire dont le dénominateur soit composé de trois 9 et dont le numérateur, composé aussi de trois chiffres, soit premier avec ce dénominateur, et si ce numérateur était lui-même un nombre premier, on serait certain que la seconde condition est remplie. C'est ainsi que les fractions suivantes $\frac{103}{999}$ $\frac{179}{999}$ $\frac{257}{999}$ etc. répondent à l'hypothèse admise. En effet, la première donne 0,103 103..; la seconde, 0,179 179..., et la troisième, 0,257 257... On voit, par cet exemple, que le numérateur de la fraction ordinaire est forcément composé des chiffres qui entrent dans la période demandée.

On doit remarquer encore que toute fraction ordinaire irréductible, dont le dénominateur ne contient aucun des facteurs 2, 3 et 5, doit nécessairement donner une période divisible par 3.

890. La solution de ce problème est basée sur les propriétés précédentes des fractions périodiques et sur le troisième principe de la divisibilité des nombres, n° 346, *pages* 310 et 311. Par conséquent, nous choisirons d'abord une fraction périodique mixte qui ait trois chiffres dans la partie non périodique et quatre dans la partie périodique; mais comme on veut que le dénominateur de la fraction inconnue ne contienne pas de 9, il faudra que les trois chiffres de la partie non périodique et les quatre chiffres de la période soient des multiples de 9, afin d'amener une fraction susceptible d'être simplifiée; telle est la période suivante : 0,5136237, 6237....

Cette période mixte est, on le sait, équivalente à la fraction ordinaire :

$$\frac{5137632 - 513}{9999000} = \frac{5137119}{9999000}.$$

Or, comme on devait s'y attendre, la différence 5137632 — 513 devait amener un multiple de 9. On voit, en effet, que la somme des chiffres du numérateur 5137119 donne un multiple de 9, ce qui permet, en divisant les deux termes de la fraction par 9, de faire disparaître ce dernier du dénominateur de la fraction ordinaire ci-dessus, laquelle donne successivement :

$$\frac{5137119}{9999000} = \frac{570791}{1111000}.$$

Cette dernière fraction répond à toutes les conditions du problème.

EXERCICES ET PROBLÈMES

Sur les fractions continues.

891. Puisque la fraction $\frac{17}{140}$ a pour numérateur un nombre premier, il est impossible de la réduire à de moindres termes ; mais si l'on veut se faire une idée plus nette, mais seulement approximative, de cette fraction, on la réduira en fraction continue comme suit :

Divisons d'abord les deux termes par le numérateur 17, nous aurons

$$\frac{17}{140} = \frac{1}{\frac{140}{17}} = \frac{1}{8 + \frac{4}{17}}$$

En négligeant la fraction $\frac{4}{17}$, la fraction $\frac{1}{8}$ donnera déjà une première approximation.

Si l'on opère ensuite sur la fraction $\frac{4}{17}$ comme on l'a fait sur la fraction primitive, et que l'on divise ses deux termes par le numérateur 4, on aura :

$$\frac{4}{17} = \frac{1}{\frac{17}{4}} = \frac{1}{4 + \frac{1}{4}}.$$

Cela posé, substituons cette dernière valeur dans l'expression ci-dessus ; alors la fraction proposée, réduite complètement enfraction continue, se présente sous cette forme :

$$\frac{17}{140} = \cfrac{1}{8 + \cfrac{1}{4 + \cfrac{1}{4}}}$$

Si maintenant l'on néglige la fraction $\frac{1}{4}$, l'expression qui précède devient $\frac{1}{8 + \frac{1}{4}}$; mais 8 plus $\frac{1}{4}$ égale $\frac{33}{4}$, ce qui donne :

$$\frac{1}{8 + \frac{1}{4}} = \frac{1}{\frac{33}{4}} = \frac{4}{33}$$

Cette dernière valeur, plus exacte que la première $\frac{1}{8}$, donne une seconde approximation. Enfin, si l'on tient compte des trois fractions qui composent en somme la valeur de la fraction continue, on retrouvera la fraction primitive $\frac{17}{140}$.

Remarquons encore que les diverses fractions $\frac{1}{8}$ $\frac{1}{4}$ $\frac{1}{4}$ de la fraction continue précédente porte le nom de *fractions intégrantes.*

892. On sait que l'on appelle *réduites* les diverses valeurs de plus en plus approchées qu'on obtient lorsque dans une fraction continue on s'arrête successivement aux diverses fractions partielles en négligeant les suivantes. Or, d'après cette définition et ce qui a été démontré dans le problème précédent, les réduites demandées sont :

$$\frac{1}{8} \quad \frac{4}{33} \quad \frac{17}{140}.$$

La première $\frac{1}{8}$ a une valeur plus grande que la fraction proposée $\frac{17}{140}$. En effet, le dénominateur étant en réalité plus grand que 8, la véritable valeur de la fraction se trouve comprise entre $\frac{1}{8}$ et $\frac{1}{9}$.

Quant à la seconde $\frac{4}{33}$, elle est plus petite que la fraction proposée $\frac{17}{140}$. En effet, en négligeant la fraction $\frac{1}{4}$

pour former la seconde réduite, la deuxième fraction intégrante $\frac{1}{4}$ est devenue trop grande, et, en ajoutant cette fraction au dénominateur 8 de la première fraction intégrante, on a trop ajouté à ce dénominateur; par conséquent, la seconde réduite $\frac{4}{33}$ a une valeur plus petite que la fraction proposée.

Maintenant si l'on veut se rendre compte du degré d'approximation de chacune de ces réduites, il suffira, dans le premier cas, de chercher la différence qui existe entre $\frac{1}{8}$ et $\frac{1}{9}$, et, dans le second cas, entre $\frac{1}{8}$ et $\frac{4}{33}$.

893. En opérant sur la fraction $\frac{355}{113}$ comme on a fait ci-dessus, on trouvera :

$$\frac{355}{113} = 3 + \cfrac{1}{7 + \cfrac{1}{16}}$$

894. D'après ce qui a été dit sur la manière de former les réduites, on aura pour les réduites demandées les expressions suivantes :

$$3, \quad \frac{22}{7}, \quad \frac{355}{113}.$$

La première réduite 3, exprimée en nombre entier, est évidemment trop faible, tandis que la seconde $\frac{22}{7}$ est trop forte; en effet, en négligeant la fraction intégrante $\frac{1}{16}$, la seconde fraction intégrante $\frac{1}{7}$ devient trop forte;

par conséquent, l'expression $3 + \frac{1}{7}$ ou $\frac{22}{7}$ est une valeur trop forte. On sait que la réduite $\frac{22}{7}$ est le rapport trouvé par Archimède. Il en serait de même de tout autre exemple que l'on pourrait se proposer dans les fractions continues. Or, quel que fût le nombre des réduites, et il peut être considérable, il serait facile de reconnaître que toutes les réduites qui précèdent la fraction proposée ont une valeur alternativement plus grande et plus petite que la valeur de cette dernière. On reconnaîtrait, en outre, que dans la série des réduites on s'approche d'autant plus de la véritable valeur que l'on emploie un plus grand nombre de fractions intégrantes; c'est pour cette raison que les réduites portent aussi le nom de *fractions convergentes.*

895. La première réduite (3 unités) s'écarte évidemment du rapport proposé de toutes les décimales qui suivent sa partie entière.

Quant au rapport d'Archimède, $\frac{22}{7}$, si on le réduit en décimales, on trouvera $\frac{22}{7} = 3{,}142$, tandis que le rapport de Métius $\frac{355}{113} = 3{,}1415929$, ce qui prouve que le rapport d'Archimède n'est exact que jusqu'à la 3e décimale, tandis que celui de Métius ne s'écarte du vrai rapport qu'à la 7e décimale.

Lorsqu'on cherche à déterminer le rapport de la circonférence au diamètre à l'aide de procédés géométriques, en prenant l'inscription et la circonscription du carré on doit pousser la multiplication des côtés jusqu'aux polygones réguliers de 128 côtés pour trouver le rapport d'Archimède, et jusqu'aux polygones de 8192 pour déterminer ce rapport avec l'exactitude de celui de Métius.

EXERCICES ET PROBLÈMES

Sur l'addition des nombres complexes.

896. D'après la règle du nº 383, on disposera l'opération comme suit :

126#	11s	5d
83	9	4
19	14	0
0	18	7
8	0	10
238#	14s	2d

On aura donc pour la somme : 238# 14s 2d.

897. On disposera l'opération de la manière suivante :

	4T	5P	2P
	15	3	7
	9	0	11
	21	0	4
Somme....	50T	4P	0P

Donc la somme demandée est de 50 toises 4 pieds.

898. La somme de tous ces poids est égale à 206 livres 13 onces 5 gros. On trouve en effet :

72L	13on	5G
97	6	7
36	9	2
206L	13on	6G

899. Premier angle.	112°	34′	52″
Deuxième angle.	144	45	29
Troisième angle.	97	16	48
Somme des trois angles. . . .	354°	37′	9″

900. Il suffit, pour répondre à la question, d'ajouter **1h 47′ 52″** à **2h 34′ 25″**, ce qui donne pour la fin de l'éclipse **4** heures **22** minutes **17** secondes.

901. Le périmètre demandé sera **31T 2P 8p + 47T 11p + 38T 5P 10p = 117** toises **3** pieds **5** pouces.

902. En ajoutant les divers temps employés pour aller d'une station à l'autre, on aura **11h 20′ + 38′ 40″ + 24′ 17″ + 1h 10′ = 13h 32′ 57″**, c'est-à-dire que le convoi est arrivé à **1** heure **32** minutes **57** secondes après midi.

EXERCICES ET PROBLÈMES

Sur la soustraction des nombres complexes.

903. Conformément à la règle du n° **384**, on disposera l'opération comme suit :

	8T	4P	5p	4l	$\frac{7}{10}$	$\frac{28}{40}$
	5	3	9	8	$\frac{3}{4}$	$\frac{30}{40}$
Différence cherchée. . . .	3T	0P	7p	7l		$\frac{38}{40}$

904. Il suffit de faire la différence des deux sommes comme suit :

	128#	0s	11d
	73	15	0
Différence. . . .	54#	5s	11d

Il reste donc à payer **54** livres **5** sous **11** deniers.

905. On trouvera la valeur du troisième angle en retranchant de 180 la valeur des deux angles connus, ce qui donne : $180 - 118° 15' 27'' = 61° 44' 33''$.

906. On trouvera la perte due à l'évaporation par la soustraction suivante :

	1^L	2^{on}	7^G	26^g
	0	13	2	58
Différence cherchée. . . .	0^L	5^{on}	4^G	40^g

907. Le capitaine Ross a dépassé Dumont-d'Urville de $79° - 66° 34' = 12° 26'$, et il a dépassé le capitaine Wilkes de $79° - 69° 4' 50'' = 9° 55' 10''$.

908. Cette dilatation est exprimée par

$$1^T\ 3^P\ 5^p\ 7^l\ {}^2/_3 - 1^T\ 3^P\ 5^p\ 2^l = 5 \text{ lignes } {}^2/_3.$$

909. En vertu de la définition du n° 329, il est évident que le poids de 4 marcs étant la somme de deux poids, dont l'un est connu et l'autre inconnu, on trouvera ce dernier en retranchant $3^m\ 5^{on}\ 7^G\ 42^g$ de 4 marcs, ce qui donne 2 onces 30 grains pour le poids de cuivre demandé.

910. Le premier cheval l'a emporté sur son concurrent de la différence $10'\ \frac{3}{4} - 9'\ 37''\ \frac{1}{4} = 7''\ \frac{1}{4}$.

EXERCICES ET PROBLÈMES

Sur la multiplication des nombres complexes.

911. Les 7 livres égalent $7^{lt} \times 20^s = 140^s$: donc les 7 livres 11 sous $= 140 + 11 = 151^s$.

912. Il suffit, pour cela, de multiplier par 12 le résultat précédent ; on obtient ainsi $151 \times 12 = 1812^d$.

913. Pour opérer cette réduction, il faut d'abord réduire les 4 livres en onces, ce qui donne 64 onces, or, $64 + 6 = 70$; ces 70 onces, traduites en gros, valent $70 \times 8 = 560^G$ et $560 + 2 = 562^G$, enfin. les 562^G, réduits en grains, donneront $562 \times 72 = 40464$ grains, et si l'on ajoute à cette somme les 36 grains de l'énoncé, on aura pour la réduction demandée : 4 livres 6 onces 2 gros 36 grains = 40500 grains.

914. Les 3 toises plus 4 pieds font 22 pieds, et comme les pouces sont des *douzièmes* de pied, on aura pour réponse à la question : 22 pieds $^7/_{12}$.

915. On sait que la toise vaut 6 pieds et le pied 12 pouces : donc la toise vaut 72 pouces; en d'autres termes, les pieds sont des *sixièmes* de la toise, tandis que les pouces en sont des soixante-douzièmes ; or, comme 4 pieds 7 pouces valent 55 pouces, on aura d'après ce qui précède :

$$3^T \ 4^P \ 7^p = 3^T \ \frac{55}{72};$$

il ne restera donc plus pour résoudre la question qu'à réduire la fraction $\frac{55}{72}$ en fraction décimale, ce qui donne $\frac{55}{72} = 0{,}7638$: donc enfin,

$$3^T \ 4^P \ 7^p = 3^T \ \frac{55}{72} = 3^T{,}7638.$$

916. Pour connaître ce nombre de toises, il suffit de diviser 548 par 6, et l'on aura $\frac{548}{6} = 91^T \ 2^P$.

917. En divisant 36450 par 72, on obtiendra d'a-

bord la transformation du nombre en gros et en grains; on aura donc $\frac{36450}{72} = 506^{G}\ 18^{g}$. Les $\frac{506}{8}$ de gros, transformés en onces, donneront 63 onces 2 gros. Enfin, les 63 onces, réduites en livres, donneront $\frac{63}{16} = 3^{L}\ 15^{on}$. En réunissant tous ces résultats, on trouve que

$$36450 \text{ grains} = 3^{L}\ 15^{on}\ 2^{G}\ 18^{g}.$$

918. Puisque la livre vaut 16 onces, l'once 8 gros, et le gros, 72 grains, il en résulte que la livre vaut 128 gros ou 9216 grains. Par conséquent, si, dans le problème précédent, on transforme les $15^{on}\ 2^{G}\ 18^{g}$ en grains, on aura 8802 grains; donc

$$3^{L}\ 15^{on}\ 2^{G}\ 18^{g} = 3^{L}\ \frac{8802}{9216}.$$

Il ne reste plus maintenant qu'à convertir la fraction $\frac{8802}{9216}$ en fraction décimale, ce qui donne 0,955... On a donc enfin :

$$3^{L}\ 15^{on}\ 2^{G}\ 18^{g} = 3^{L},955.$$

919. Pour convertir des heures en minutes, il faut multiplier les heures ou les fractions décimales d'heure par 60. On aura donc $0,3745 \times 60 = 22',47$, ce qui donne pour premier résultat $5^{h}\ 22'\ \frac{47}{100}$. Si l'on multiplie la dernière fraction 0,47 par 60, on obtiendra des secondes, ce qui donnera $28'',2$; donc enfin

$$5^{h},3745 = 5^{h}\ 22'\ 22''\ \frac{2}{10}.$$

920. Par un raisonnement analogue au précédent, il faudra multiplier la fraction décimale de toise 0.724 par 6

pour la convertir en pieds, ce qui donne $0,724 \times 6 = 4^{P},344$. Si l'on multiplie maintenant cette fraction décimale de pied 0,344 par 12, on la convertira en pouces, et l'on aura $0,344 \times 12 = 4^{p},128$, donc enfin

$$8^{T},724 = 8^{T}\ 4^{P}\ 4^{p}\ \frac{128}{1000}.$$

921. Comme le travail de 8 jours est huit fois celui d'un jour, on aura

$$(17^{T}\ 5^{P}\ 8^{p}\ {}^{2}/_{3}) \times 8 = 143^{T}\ 3^{P}\ 9^{p}\ 4^{l}.$$

922. Ce poids sera donné par la multiplication de 32^{L} 5^{on} 3^{G} 54^{g} par le facteur 6, ce qui donne pour produit : 194^{L} 0^{on} 6^{G} 36^{g}.

923. Il suffit, pour résoudre la question, de diviser par 5 chaque espèce d'unité du nombre complexe en commençant par les plus élevées, et, s'il y a un reste, de traduire ce reste en unités de l'espèce immédiatement inférieure. On dira donc : la 5e partie de 48^{tt} est 9^{tt} plus un reste 3^{tt} qui valent 60 sous, lesquels, ajoutés à 13^{s}, donnent 73 sous; or, le 5e de 73^{s} est 14 sous, et il reste 3^{s} qui valent 36^{d}, lesquels, ajoutés aux 8 deniers, donnent 44^{d}, dont le 5e est 8 deniers plus ${}^{4}/_{5}$; donc enfin, le 5e de la somme proposée est 9^{tt} 14^{s} 8^{d} ${}^{4}/_{5}$.

924. En procédant comme dans l'exemple ci-dessus, on aura d'abord 46^{T} pour la 12e partie de 560 toises et 8^{T} pour reste. Or, ces 8^{T} valent 48^{P}, lesquels, augmentés de 1 pied, font 49^{P}, dont le 12e est 4^{P} avec 1^{P} pour reste. Ce pied, réduit en pouces, vaut 12^{p} qui, ajoutés aux 6^{p} de l'énoncé, donnent 18^{p}, dont la 12e partie est 1^{p} avec 6^{p} pour reste. Ce nouveau reste vaut 72^{l} qui, augmentées de 10^{l} donnent 82^{l};

en prenant la 12e partie de ce nombre, on a 6^l et pour reste 10^l. Or, ces 10^l, réduites en cinquièmes, valent 50 cinquièmes, lesquels, ajoutés aux 4 cinquièmes de la question, feront 54 cinquièmes, dont la 12e partie est $\frac{54}{60}$ ou $\frac{9}{10}$; donc enfin, la 12e partie du nombre proposé

sera $46^T\ 4^P\ 1^p\ 6^l\ \frac{9}{10}$.

925. Le quart de siècle étant de 25 ans, la question se réduit à multiplier 365j 5^h, 48′ 49″ par 25. L'opération donnera pour résultat 9131 jours 1 heure 20 minutes 25 secondes.

926. La multiplication de $7^L\ 12^{on}\ 6^G$ par 30 donne pour le poids demandé $233^L\ 14^{on}\ 4^G$ ⅘.

927. Puisque chaque livre (poids) de marchandise vaut 30 livres (tournois), on aura évidemment le prix de $7^L\ 12^{on}\ 6^G$ en multipliant 30^{tt} par $7^L\ 12^{on}\ 6^G$, ce qui donnera pour le prix demandé $133^{tt}\ 18^s\ 1^d$ ⅘.

928. Il suffit de lire les énoncés des deux exemples précédents pour reconnaître que les facteurs se composent des mêmes nombres ; mais, dans le premier exemple, le facteur $7^L\ 12^{on}\ 6^G$ est multiplicande, tandis qu'il devient multiplicateur dans le second cas ; en d'autres termes, le facteur dont nous parlons reste nombre concret dans le premier cas, il est abstrait dans le second. Ces exemples démontrent la nécessité de bien distinguer la nature des facteurs dans la multiplication des nombres complexes ; sans cela, la réponse serait loin de satisfaire aux conditions de l'énoncé. Observons cependant que la distinction dont nous parlons n'offre aucune difficulté, attendu que l'énoncé de la question fait connaître la nature des unités du produit, et que ces unités sont toujours de la même espèce que celles du multiplicande. (*Arith.*, page 69). Par conséquent, il est toujours facile de déterminer le facteur qui doit jouer le rôle de multiplicande.

929. Il résulte des données du problème 907, que l'amiral Dumont-d'Urville était à une distance du pôle sud exprimée par $90° - 66° 34' = 23° 26'$; que le capitaine Wilkes en était éloignée de $90° - 69° 4' 50'' = 20° 55' 10''$, et que Ross n'était plus qu'à $90° - 79° = 11°$.

Il suit de là que la distance à laquelle Dumont-d'Urville s'est trouvé du pôle sud a été de $111^k,1 \times 23° 26' = 2603^k,44$; que le capitaine Wilkes était à la distance de $111^k,1 \times 20° 55' 10'' = 2324^k,14$, et qu'enfin le capitaine Ross n'était plus éloigné que de $111^k,1 \times 11° = 1222^k,1$.

Observons que ces distances ne sont pas rigoureusement exactes, attendu que nous avons pris pour le degré de latitude la *valeur moyenne* $111^k,1$. En réalité, les degrés de latitude vont en augmentant de l'équateur aux pôles de la terre, et cette augmentation est due à l'aplatissement de notre planète vers les régions polaires ; donc, les distances trouvées ci-dessus sont un peu trop faibles.

930. On trouvera évidemment le prix demandé en multipliant $15^{lt}\ 4^s\ 6^d$ par $9^T\ 4^p\ 5^p\ 6^l$. L'opération donnera pour produit : $148^{lt}\ 6^s\ 9^d$.

931. Par la même raison, on obtiendra le montant de la rente en multipliant $49^{lt}\ 17^s\ 8^d$ par $37^m\ 5^{on}\ 4^G\ 19^s$, ce qui donnera pour le produit demandé :

$$1880^{lt}\ 3^s\ 8^d\ \frac{131}{1152}.$$

EXERCICES ET PROBLÈMES

Sur la division des nombres complexes.

932. En effectuant cette division comme on l'a indiqué dans la remarque du n° 386 et en procédant comme dans les problèmes 923, 924, on trouvera que la 20e partie de $112^L\ 7^{on}\ 4^G\ 6^g$ est égale à $5^L\ 9^{on}\ 7^G\ 58^g\ ^2/_5$.

933. Dans un triangle équilatéral, les trois côtés sont égaux ; on trouvera donc la longueur demandée en prenant le tiers de la longueur de la corde. Or, le tiers de $4^T\ 5^P\ 7^p\ 6^l$ est égal à $1^T\ 3^P\ 10^p\ 6^l$. Cette dernière ligne sera donc la longueur du côté du triangle équilatéral.

934. Il est évident que l'on pourra faire autant de toises du travail donné que le nombre $3^{tt}\ 15^s$ sera contenu de fois dans $145^{tt}\ 17^s$; il faut donc diviser cette dernière somme par $3^{tt}\ 15^s$, et le calcul donnera pour quotient :

$$38^T\ 5^P\ 4^p\ 3^l\ \frac{21}{25}.$$

935. Si l'on connaissait le prix de la toise, il est certain qu'en le multipliant par $37^T\ 5^P\ 7^p$, cette opération donnerait pour produit $253^{tt}\ 15^s\ 8^d$: donc, on vertu de la définition de la division, on obtiendra le prix inconnu en divisant $253^{tt}\ 15^s\ 8^d$ par $37^T\ 5^P\ 7^p$. Le quotient de cette division donnera :

$$6^{tt}\ 13^s\ 9^d\ \frac{2121}{2731}.$$

936. Si le prix de la livre était connu, il suffirait de le multiplier par $2^L\ 3^{on}\ 5^G$ pour avoir $7^{tt}\ 2^s\ 6^d$. On obtiendra donc ce prix en divisant 7^{tt} 2^{s} 6^{d} par 2^{L} 3^{on} 5^{G}. L'opération effectuée donne pour quotient 3^{tt} 4^{s}.

937. On sait qu'une circonférence de cercle se divise en 360 parties égales qu'on appelle *degrés;* il suit de là que si l'on prend la 360ᵉ partie de 5^{T} 4^{P}, on aura la longueur d'un degré. Or, les 5^{T} 4^{P} valent 34 pieds, lesquels valent à leur tour 408 pouces; si l'on divise 408 par 360, ce qui donne 1^{P} $\frac{48}{360}$, on aura la longueur d'un degré. Cela posé, pour avoir la longueur de 23° 18′, il ne restera plus qu'à multiplier 1^{P} $\frac{48}{360}$ par 23° 18′; on obtiendra ainsi 2 pieds 2 pouces 4 lignes plus une fraction de ligne, pour la longueur de l'arc demandé.

938. Si l'on adopte le pied pour unité principale, on aura pour la circonférence totale une longueur de 34 pieds, et si l'on divise ce nombre par 360, on aura $\frac{34}{360} = 0^{P},0944$, c'est-à-dire 944 dix-millièmes de pied pour la longueur d'un degré. Il s'agit maintenant de connaître la longueur de l'arc de 23° 18′; or, les 18′ font $\frac{18}{60}$ de degré, et comme la fraction $\frac{18}{60}$ équivaut à la fraction décimale 0,3, il faudra, pour avoir la longueur de l'arc donné, multiplier $0^{P},0944$ par 23°,3, ce qui donne $2^{P},199$, c'est-à-dire 2 pieds, $\frac{199}{1000}$. Si l'on veut maintenant traduire cette fraction décimale en nombre complexe, on aura, d'après ce qui a été dit dans les problèmes 919, 920, 2 pieds 2 pouces 4 lignes plus une fraction de ligne, résultat conforme à celui du nº précédent.

939. Puisque la machine a donné 840 coups de piston en un quart-d'heure, c'est-à-dire en 15 minutes, en divisant 840 par 15, ce qui donne 56, on aura le nombre de coups de pistons donnés par la machine en une minute. Cela posé, les 16 heures 35 minutes valent ensemble 995 minutes; donc, pour obtenir le résultat demandé, il faudra multiplier 56 par 995′ 40″, ce qui donnera : 55757 coups $\frac{33}{100}$.

940. En un quart-d'heure, la machine à vapeur donne 840 coups de piston, c'est-à-dire 840 × 4 ou 3360 coups en une heure. Cela posé, traduisons les 16 heures 35 minutes 40 secondes en fraction décimale de l'heure. Nous savons qu'une heure vaut 60′ ou 3600″; or, les 35′ 40″ font 2140″; le nombre ci-dessus équivaut donc à 16 heures $\frac{2140}{3600}$ = $16^h,594444$: donc enfin, on connaîtra le nombre de coups de piston cherché en multipliant 3360 par $16^h,594444$, ce qui donne 55757 coups $\frac{33}{100}$, résultat conforme à celui du nº précédent. C'est pour répondre à la question que nous avons adopté les fractions décimales de l'heure; mais observons qu'on aurait pu employer les fractions décimales de la minute; on n'aurait eu en effet, pour résoudre le problème, qu'à multiplier 56 par 995′,666.

941. Pour répondre à cette question, il suffit de considérer l'ensemble des quatre opérations fondamentales des nombres complexes. En effet, l'addition et la soustraction ne sont ni difficiles ni compliquées; la multiplication et la division, au contraire, sans offrir des difficultés réelles, sont tellement laborieuses, tellement embarrassées d'opérations diverses, qu'il faut une attention soutenue pour éviter toute chance d'erreur. Il résulte de là que l'on ne doit pas employer les fractions décimales dans les deux premières règles ; mais on peut dire qu'en général, à part quelques cas très-rares, l'emploi de ces fractions présente des avantages incontestables dans la multiplication et la division.

Il est vrai que l'emploi des fractions décimales complique quelquefois les facteurs d'un grand nombre de chiffres, et c'est alors qu'il faut avoir recours aux méthodes d'abréviation dont nous avons donné de nombreux exemples dans les problèmes 851 à 870.

EXERCICES ET PROBLÈMES

Sur la Conversion des anciennes mesures en nouvelles, et réciproquement.

942. Puisqu'une coudée vaut $1^{P}\ \frac{1}{2}$ ou bien 1^{P} 6 pouces, on aura pour la hauteur du colosse $70 \times 1^{P}\ 6^{p} = 105$ pieds, lesquels valent 17 toises et demie.

943. D'après les rapports exprimés dans le n° 390, on voit qu'une toise $= 1^{m},94904$. On aura donc la hauteur métrique du colosse en multipliant $1^{m},94904$ par $17^{T},5 = 34^{m},1$.

944. D'après les rapports exposés *page* 372, on aura :

$$\begin{array}{lcrcr} 1^{L} & \ldots\ldots\ldots\ldots & & = & 489g,5 \\ 7^{on} & = & 30g,59 \times 7 & = & 214\ ,13 \\ 56^{g} & = & 0g,053 \times 56 & = & 2\ ,968 \\ \hline & & & & 706g,598 \end{array}$$

Donc $1^{L}\ 7^{on}$ 56 valent 0 kilogr. 706 gram. 598 millig.

945. D'après le problème précédent, on aura :

$$
\begin{array}{llllll}
1^{on} & = & \ldots\ldots & = & 30g,59 \\
5^{G} & = & 5 \times 3g,82 & = & 19\ ,10 \\
17^{g} & = & 17 \times 0\ ,053 & = & 0\ ,901 \\
\hline
 & & & & 50g,591
\end{array}
$$

Donc, le poids ci-dessus équivaut à 0 kilog. 50 grammes 591 milligrammes.

946. Cette proposition est la réciproque des deux précédentes; on la traitera donc d'après les rapports donnés *page* **372**, ce qui donnera :

$$
\begin{array}{llllllll}
5 \text{ kilog.} & = 5 \times (2^{L}\ 0^{on}\ 5^{G}\ 35^{g}\ \frac{15}{100}) & = & 10^{L} & 3^{on} & 3^{G} & 32^{g} \\
4 \text{ hect.} & = 4 \times (0^{L}\ 3^{on}\ 2^{G}\ 11^{g}) & = & 0 & 13 & 0 & 43 \\
8 \text{ décag.} & = 8 \times (0^{L}\ 0^{on}\ 2^{G}\ 44^{g}) & = & 0 & 2 & 4 & 66 \\
\hline
 & & & 11^{L} & 3^{on} & 0^{G} & 69^{g}
\end{array}
$$

Donc, les 5 kilog. 480 grammes équivalent à 11 livres 3 onces 69 grains.

947. Il faut, pour cela, déterminer avec soin le rapport de chaque livre locale au kilog. par exemple, et réciproquement ; mais cette détermination ne peut avoir lieu qu'à deux conditions : 1° avoir des poids métriques étalons, c'est-à-dire d'une grande justesse, tels que ceux que le gouvernement remet à chaque vérificateur de poids et mesures ; 2° avoir à sa disposition la livre *vraie* dont on veut connaître le rapport. Cette dernière condition est évidemment la plus difficile à remplir, car on n'a pas eu dans chaque localité les précautions qu'ont prises les créateurs du système métrique pour assurer l'invariabilité des mesures étalons. Par conséquent, si l'on veut éviter le plus possible les causes d'erreur, il faudra prendre la valeur moyenne de tous les poids d'une livre les mieux conservés.

Ce que nous disons ici des poids s'applique également à toute autre espèce de mesures.

948. Les 35 écus de cette espèce valaient $5^{tt}\ 16^{s} \times 35 = 203$ livres.

949. 10 gros écus valaient $(5^{tt}\ 16^{s}) \times 10 = 58^{tt}$
16 petits écus — $(2^{tt}\ 15^{s}) \times 16 = 44$

Leur somme valait conséquemment. . . . . 102^{tt}

950. Par la même raison :

50 louis simples valaient $(23^{tt}\ 11^{s}) \times 50 = 1177^{tt}\ 10^{s}$
32 louis doubles — $(47^{tt}\ 4^{s}) \times 32 = 1540\ \ 18^{s}$

Donc, leur somme valait. . . . . . $2717^{tt}\ 8^{s}$

951. On sait que 80 fr. valent 81 livres tournois, ce qui revient à dire que l'on gagne une unité sur 81 unités ; donc, autant de fois le nombre 81 sera contenu dans 1250, autant de francs on devra retenir ; on aura donc : 1250 divisé par $81 = 15,43$, c'est-à-dire que les hospices devront faire une retenue de 15 francs 43 centimes, ce qui réduira la rente à $1234^{f}\ 57^{c}$. On aurait pu évidemment arriver au même résultat en posant la proposition :

$$81^{tt} : 80^{f} :: 1250^{tt} : x$$

$$\text{d'où } x = \frac{1250 \times 80}{81} = 1234^{f},57.$$

952. Ces nombres, très usités en pharmacie, ne sont pas tout-à-fait exacts ; mais ils ont l'avantage de s'écarter très peu de la vérité et d'être d'un emploi très commode ; il est facile d'ailleurs, en consultant le tableau de la page 372, de voir que quand on prend 30 grammes en nombre rond pour représenter l'once, on fait une erreur en moins d'un peu plus d'un demi gramme, et qu'en prenant 5 centigrammes pour l'équivalent du grain, l'erreur est aussi de 3 milligrammes en moins.

953. Pour convertir cette hauteur en toises, il suffit de diviser 462 pieds par 6, et l'on aura ainsi :

$$\frac{462}{6} = 77 \text{ toises.}$$

Maintenant pour traduire les 77 toises en mètres, il faut multiplier le rapport connu $1^{m},94904$ par 77, ce qui donne pour produit : $150^{m},07$.

954. On peut voir, à l'inspection du rapport de la toise au mètre, que ce rapport diffère très peu de celui de 2 à 1 ; il est donc utile, dans beaucoup de cas où une approximation est suffisante, d'adopter ce dernier rapport.

Cela posé, puisque les longueurs des lignes sont entre elles :: 2 : 1, les carrés correspondants seront entre eux :: 4 : 1 et les cubes :: 8 : 1 ; par conséquent, une toise carrée vaut 4 mètres carrés, et la toise cube équivaut à 8 mètres cubes.

955. Souvent, par approximation, on considère le mètre comme l'équivalent de 3 pieds ; dans ce cas, le rapport du mètre carré au pied carré est égal à celui de $3^2 : 1^2$ ou :: 9 : 1.

D'un autre côté, le mètre cube est au pied cube :: $3^3 : 1^3$ ou :: 27 : 1. Il suit de là que le mètre carré vaut 9 pieds carrés, et le mètre cube 27 pieds cubes.

956. En consultant les rapports de la page 371, on voit qu'une ligne égale $0^{m},002256$; par conséquent, en mul-

tipliant cette valeur $0^{m},002256$ par $440^{l},5593$, on aura pour la longueur du pendule exprimée en mètres : $0^{m},9939$, c'est-à-dire que la longueur du pendule qui bat la seconde à Paris est, à peu de chose près, égale à 1 mètre, circonstance remarquable qui permettrait de retrouver cette unité fondamentale si le *mètre étalon* venait à être détruit. Nous disons que cette longueur ne convient qu'à la latitude ne Paris ; on sait, en effet, que cette longueur deviendrait plus grande à mesure que l'on s'avancerait des pôles, et plus faible en allant à l'équateur, car, à cause de l'aplatissement du globe terrestre vers les régions polaires, l'action de la pesanteur est plus énergique aux pôles qu'à l'équateur.

957. Cette différence est due à une double cause d'erreur : 1° à l'imperfection des instruments ; 2° à la manière d'opérer particulière à chaque observateur. En effet, l'expérience démontre que quelque soin que l'on mette dans la détermination d'un poids ou d'une mesure, les plus habiles observateurs ne s'accordent que dans les trois premiers chiffres ; le quatrième chiffre est incertain, variable, et ceux qui suivent sont tout-à-fait illusoires ; on peut donc, sans inconvénient, remplacer ces derniers par des zéros. Admettons, par exemple, que deux opérateurs aient à mesurer une longueur de 45 mètres et une fraction. Nous disons que si le premier trouve $45^{m},763$, le second trouvera par exemple $45^{m},758$, et ce résultat sera celui que les opérateurs trouveront en se servant de la même mesure. Comme on le voit, les trois premiers chiffres 4, 5, 7 sont les mêmes, mais le quatrième est incertain et le cinquième tout-à-fait illusoire ; le hasard seul pourrait amener les mêmes chiffres ; d'ailleurs, l'expérience et le raisonnement confirment la justesse de ces observations.

958. Il faut d'abord déterminer le rapport des lignes, puis on en déduira celui des surfaces. Or, la toise vaut 6 pieds ou 72 pouces; par conséquent, on aura :

La toise : au pied :: 6 : 1.
La toise : au pouce :: 72 : 1.

Donc :

La toise carrée : au pied carré :: 6^2 : 1^2 :: 36 : 1
La toise carrée : au pouce carré :: 72^2 : 1^2 :: 5184 : 1

959. Ici, comme dans le problème précédent, il faut d'abord déterminer le rapport des lignes pour en déduire celui des volumes; or,

Le pied : au pouce :: 12 : 1.
Le pied : à la ligne :: 144 : 1.

Par conséquent, on aura pour le rapport des surfaces :

Le pied carré : au pouce carré :: 12^2 : 1^2 :: 144 : 1
Le pied carré : à la ligne carrée :: 144^2 : 1^2 :: 20736 : 1

Enfin, on aura pour le rapport des volumes :

Le pied cube : au pouce cube :: 12^3 : 1^3 :: 1728 : 1
Le pied cube : à la ligne cube :: 144^3 : 1^3 :: 2985984 : 1

960. Puisque 25 lieues communes correspondent à un degré de latitude et valent ensemble 57021 toises, il est évident qu'une lieue commune vaudra la 25e partie de ce nombre, c'est-à-dire 2280 toises. Si l'on veut maintenant connaître combien une lieue commune vaut de mètres, il faudra se rappeler qu'il y a 10 millions de mètres du pôle à l'équateur, c'est-à-dire pour 90 degrés de latitude; si donc l'on divise 10 millions par 90, on aura 111111 mètres pour un degré de latitude, et puisque ce degré contenant 25 lieues communes, en divisant 111111

par 25, on aura 4444 mètres pour la valeur d'une lieue commune exprimée en mètres, à moins d'une unité.

961. La réponse à cette question se déduit du problème précédent. On vient de voir, en effet, qu'un degré de latitude valait 57021 toises ; or, si ce degré vaut 20 lieues marines, celle-ci vaudra la 20e partie de 57021, c'est-à-dire 2851 toises ; d'un autre côté, puisque le degré de latitude vaut 111111 mètres et qu'il contient 20 lieues marines, on aura la valeur d'une lieue marine en divisant 111111 par 20, ce qui donne 5555 mètres à une unité près.

962. Par la même raison, la longueur du mille géographique sera égale à la 15e partie de 57021T. Quant à la valeur du mille géographique exprimée en mètres, on l'obtiendra en divisant 111111 par 15, ce qui donne au quotient 7407 mètres à une unité près.

963. Puisque le degré de latitude se subdivise en 60′ et que ce degré vaut (problème 960) 111111 mètres, si l'on divise ce dernier nombre par 60, on aura pour la valeur correspondante à une minute de degré de latitude 1852 mètres à une unité près.

964. Puisqu'une minute se subdivise en 60 secondes et que d'après le problème précédent une minute de degré de latitude a une valeur moyenne de 1852 mètres, on aura la valeur d'une seconde en divisant 1852 par 60, ce qui donne 31 mètres pour la valeur demandée à moins d'une unité.

EXERCICES ET PROBLÈMES

Sur la Conversion des monnaies étrangères en monnaies françaises.

965. D'après le tableau des valeurs monétaires de la page 376, on aura :

3 guinées	=	$26^f,47 \times 3$	=	$79^f,41^c$
2 crowns (anciens)	=	$6,16 \times 2$	=	12,32
3 schellings (anciens)	=	$1^f,24 \times 3$	=	3,72
		Total.		$95^f,45^c$

Donc, l'objet vaut $95^f,45^c$.

966. Cette valeur serait exprimée par le résultat suivant :

3 guinées	=	$26^f,47 \times 3$	=	$79^f,41^c$
2 crowns (nouveaux)	=	$5^f,81 \times 2$	=	11,62
3 schellings (nouveaux)	=	$1^f,16 \times 3$	=	3,48
		Total.		$94^f,51^c$

967. A l'aide du tableau de la page 376, on trouvera que

5 quadruples	=	$81^f,51 \times 5$	=	$407^f,55^c$
18 piastres	=	$5^f,43 \times 18$	=	97,74
		Total.		$505^f,29^c$

Donc, le montant de l'envoi s'élève à $505^f,29^c$.

968. Puisque la livre sterling vaut en monnaie française $25^f,21^c$, les 60 livres vaudront $25^f,21^c \times 60 = 1512^f,60^c$; telle est la valeur du pari.

969. Puisque, d'après le tableau de la page 376, le quadruple d'Espagne vaut 81f,51c, la pistole qui est le quart du quadruple vaudra le quart de 81f,51c ou 20f,37c ¾.

970. Le tableau de conversion des monnaies donne 11f,85 pour la valeur du ducat, et 2f,09c pour la valeur du florin; on aura donc pour le montant de l'expédition 11f,85c × 120 = 1422f,20c, plus 2f,09c × 86 = 179f,74c, c'est-à-dire 1422f,20c + 179f,74c = 321f,94c.

971. La livre sterling d'Angleterre est, comme on sait, une monnaie de convention ou de compte, c'est-à-dire qu'elle n'est pas représentée par une monnaie réelle en or et en argent. En France, au contraire, nous rapportons tout au franc ou aux multiples du franc, et l'on sait quels sont ses multiples qui existent en or et en argent. Cependant, depuis que le petit écu de 3 livres et le louis de 24 francs ont disparu de la circulation, sans toutefois disparaître du langage, on peut regarder l'écu et le louis comme remplissant quelquefois le rôle de monnaie de convention. C'est dans ce sens que l'on dit 10 écus pour 30 francs, 100 écus, 1000 écus pour 300 fr. et 3000 fr.; de même, on dit encore d'un cheval acheté à 1200 fr. qu'il a coûté 50 louis ; les expressions de 25 louis, 50 louis, 100 louis sont encore usitées dans beaucoup de départements.

972. En consultant le tableau de la page 376, on aura :

27 double-aigles (nouv.)	= 51f,98c $^2/_3$ × 27	=	1403f,64c
8 dollars (nouveaux)	= 5f,41c × 8	=	43 ,28
	Total.		1446f,92c

La conversion demandée sera donc exprimée par le total 1446f,92c.

EXERCICES ET PROBLÈMES

Sur le temps des paiements.

973. Ce problème peut se résoudre d'après la règle de l'échéance commune n° 396 ; on donnera donc à l'opération la disposition suivante :

800f × 9m.	7200f	
600 × 14m	8400	
750 × 10m.	7500	
2,150f	23100f	2150
		10m,744.

En divisant 23100 par 2150, on trouve au quotient 10 mois $\frac{744}{1000}$, et en traduisant la fraction ci-dessus en jours, on aura 10 mois 22 jours pour l'échéance commune demandée.

974. D'après l'énoncé de la question, la commune doit 1000 fr. dans 6 mois, 1000 fr. dans 18 mois et 1000 fr. dans 30 mois. Le problème est donc ramené à la recherche d'une échéance commune pour ces paiements. On procédera donc de la manière suivante :

1000f × 6m.	6000	
1000 × 18	18000	
1000 × 30	30000	
3000f	54000	3000
		18 mois.

On voit, par là, que l'échéance demandée sera à 18 mois.

Il était facile de prévoir ce résultat. En effet, en ne payant la première annuité que dans 18 mois, la commune retarde d'un an le paiement de cette annuité; mais, d'un autre côté, la dernière annuité qui ne devait échoir que dans 30 mois, se trouve avancée d'un an ; il y a donc compensation.

975. Ici, comme dans les deux questions précédentes, on doit suivre la règle du n° 396 ; on disposera donc l'opération comme suit :

5000f × 15j.	75000f	
8000 × 50	400000	
10000 × 20	200000	
12000 × 30	360000	
4000 × 25	100000	
39000f	1135000f	39000
		29 jours.

L'opération donne 29 jours pour l'échéance commune aux cinq paiements de la question.

976. On aura, d'après la méthode précédente,

1200f × 8j.	9600f	
650 × 20j	13000	
1850f	22600f	1850
		12 mois 6 jours

pour l'échéance cherchée.

977. Dans les observations du n° 395 sur les règles du temps pour les paiements, nous trouvons ces lignes : « Quel que soit le cas qui se présente, il sera toujours fa- » cile de résoudre le problème à l'aide des règles déjà con- » nues. » En effet, pour avoir la solution cherchée, il n'est

pas nécessaire d'avoir recours à une règle nouvelle, et l'on devra raisonner simplement de la manière suivante : Le souscripteur du billet qui fait une avance de 800 fr. après le 7e mois, se prive de cette somme pendant tout le temps qui reste à courir jusqu'à l'échéance convenue, c'est-à-dire pendant 5 mois ; donc, si l'on cherche combien 800 fr. rapporteront pendant 5 mois au taux commercial, on trouvera 20 fr. d'intérêt, et la question est alors ramenée à celle-ci : *Dans combien de temps une somme de* **1200** *fr. rapportera-t-elle* **20** *fr. au taux commercial ?* question très simple qui se résout par la proportion suivante :

$$72^{f} : 20^{f} :: 12 : x, \text{ d'où } x = \frac{20 \times 12}{72} = 3^{m}\ 10^{j}.$$

D'où l'on conclut que le souscripteur du billet pourra différer de 3 mois 10 jours le paiement des 1200f qui restent dus.

978. Pour résoudre ce problème, il faut d'abord déterminer la valeur actuelle du billet de 840 fr. au taux du 6 %, et dont l'échéance n'aura lieu que dans 1 an ou 12 mois, ce qui n'offre aucune difficulté.

En effet, la valeur actuelle du billet doit être cherchée d'après l'escompte en dedans et conformément aux observations du nº 394. On posera donc la proportion :

$$106 : 100 :: 840 : x,$$

$$\text{d'où } x = \frac{100 \times 840}{106} = 792^{f},45^{c}.$$

Si l'on généralise le résultat fourni par la proportion ci-dessus, en appelant T le taux de l'intérêt pour un temps déterminé, et C le capital qui doit subir l'escompte, on devra raisonner de la manière suivante : Puisque $100 + T$ se réduit à 100, le capital C se réduira à x, c'est-à-dire que l'on a la proportion :

$$100 + T : 100 :: C : x;$$

$$\text{d'où } x = \frac{100.C}{100 + T}.$$

Donc : ***pour savoir ce que devient un capital escompté en dedans, il faut multiplier ce capital par* 100 *et diviser le produit par* 100 *augmenté du taux de l'escompte pour le temps que l'on considère.*** Cette règle, qui n'est qu'une conséquence des notions qui ont été exposées, était indispensable à la résolution du problème qui nous occupe.

Cela posé, nous savons que la valeur actuelle du billet est de 792f,45c. Si donc l'on connaissait la valeur des deux billets qui doivent être payés, l'un dans 9 mois, l'autre dans 18 mois, il faudrait évidemment qu'en cherchant la valeur actuelle de chacun de ces billets, leur somme fût égale à 792f,45c.

Or, si l'on admet que C soit le montant du premier billet, sa valeur *actuelle*, déduction faite de l'escompte à 6 % pour 9 mois, sera donnée, d'après la règle ci-dessus, par l'expresion :

$$\frac{100\ C}{100 + 4,5} \text{ ou } \frac{100.C}{104,5}.$$

D'un autre côté, les conditions du problème exigent que le second billet ait la même valeur numérique que le premier ; mais comme il n'est payable que dans 18 mois, sa valeur *actuelle* au 6 % sera exprimée par $\frac{100.C}{109}$.

Nous avons maintenant toutes les données nécessaires pour résoudre la question, puisque la somme des valeurs actuelles des billets partiels doit être égale à $792^f,45^c$, ce que l'on exprimera de la manière suivante :

$$\frac{100.C}{104,5} + \frac{100.C}{109} = 792^f,45^c.$$

En réduisant les fractions et le nombre entier au même dénominateur, cette égalité deviendra :

$$\frac{10900.C}{11390,5} + \frac{10450.C}{11390,5} = \frac{792.45 \times 11390.5}{11390,5}$$

Or, quand deux quantités sont égales, on peut les multiplier par le même nombre sans altérer leur égalité, ce qui revient à dire que l'on peut supprimer tous les dénominateurs dans l'égalité ci-dessus, laquelle devient ainsi :

$$10900.C + 10450.C = 792,45 \times 11390,5,$$

$$\text{ou bien} \quad 21350.C = 9026401.72.$$

D'où l'on tire, en vertu de la définition de la division,

$$C = \frac{9026401.72}{21350} = 422,78,$$

c'est-à-dire que le montant de chaque billet sera de $422^f,78^c$, l'un payable dans 9 mois, et l'autre dans 18 mois.

979. Ce problème ne diffère que par les nombres du problème précédent. En effet, au lieu de remplacer un paiement par deux billets de même somme, on veut ici remplacer ce paiement par 4 billets égaux, échelonnés de

6 mois en 6 mois. Par conséquent, pour résoudre la question qui nous occupe, on devra suivre la même méthode, c'est-à-dire calculer d'abord la valeur actuelle du billet de 2600 fr., puis représenter par C le montant d'un des billets, et calculer la valeur actuelle des quatre paiements égaux à C et dont la somme doit être égale à la valeur actuelle des 2600 fr., ce qui ferait connaître la valeur inconnue de C. On voit donc que ce problème est parfaitement analogue au précédent ; mais hâtons-nous de faire observer que la détermination de C par la méthode précédente a l'inconvénient d'être un peu laborieuse, ce qui, malgré sa rigueur, en exclut l'usage dans le commerce. Voici donc comment on pourrait procéder dans la pratique, en se tenant le plus près possible des conditions du problème. La valeur actuelle des 2600 fr. payables dans 8 mois, escomptée à 6 %, est donnée par la proportion :

$$104 : 100 :: 2600 : x$$

$$\text{d'où } x = \frac{260000}{104} = 2500^{f}.$$

Or, comme l'on veut que les quatre paiements soient égaux entre eux, on prendra le quart de 2500 fr., ce qui donne 625 fr. pour la valeur actuelle de chaque billet. Il ne restera donc plus qu'à souscrire quatre billets de 625 fr. chacun, en spécifiant dans leur teneur qu'il sera tenu compte à chaque échéance de l'intérêt commercial au 6 %.

Comme on le voit, cette seconde méthode passe un peu à côté de la question, mais elle a l'avantage d'être facile et d'un usage commode ; c'est d'ailleurs la seule à laquelle on devrait recourir pour des cas semblables.

EXERCICES ET PROBLÈMES

Sur la nouvelle règle de société composée.

980. D'après l'énoncé de la question, le premier associé a exposé aux chances de l'entreprise 25000 fr. pendant 2 ans; le second a mis 40000 fr. pendant 19 mois, et le troisième 60000 fr. pendant 13 mois; il est d'ailleurs convenu que le premier spéculateur prélévera, avant partage, une prime de 5 % sur le bénéfice de l'entreprise. Pour opérer la répartition des 80,000 fr. qui constituent le bénéfice total, conformément à la règle du nº 399, on procédera comme il suit : Le premier entrepreneur prélévera d'abord sa prime de 5 %, laquelle est égale à 4000 fr., et, en second lieu, l'intérêt commercial à 6 % pendant deux ans sur sa mise de 25000 fr., lequel intérêt, étant de 1500 fr. par an, fournira un second prélévement de 3000 fr. Ce premier associé aura donc à prélever avant tout : $4000^f + 3000^f = 7000^f$.

Le second associé prendra, à son tour, l'intérêt de sa mise pendant 19 mois; or, l'intérêt de 40000 fr. à 6 % pendant 19 mois est de 3800 fr.

Enfin, le troisième associé prélévera, à son tour, l'intérêt de 60000 fr. pendant 13 mois, ce qui donnera au 6 % 3900 fr.

Additionnons maintenant ces trois prélévements, nous aurons pour somme : $7000^f + 3800 + 3900 = 14700^f$. Il ne restera donc plus à partager que $80000^f - 14700 = 65300^f$; telle est la somme qu'il s'agit maintenant de répartir proportionnellement aux mises des associés 25000, 40000, 60000, ou, ce qui revient au même, proportionnellement aux nombres 25, 40, 60, ou bien.

encore proportionnellement aux nombres 5, 8, 12. L'opération, effectuée d'après l'une des méthodes des nos 281, 282 (*Arith.*, page 247), conduit aux résultats suivants: Le premier aura 13060 fr.; le second, 20896 fr., et le troisième, 31344 fr.; donc, enfin, en ajoutant à chaque part leurs prélévements respectifs, les 80000 fr. de bénéfice seront ainsi partagés :

Le premier aura	7000 + 13060 =	20060 fr.
Le second —	3800 + 20896 =	24696
Le troisième —	3900 + 31344 =	35244
	Vérification.	80000 fr.

La répartition, opérée d'après l'ancienne méthode, donnait :

Pour le premier associé	25308f 41c
Pour le second	26990 65
Pour le troisième	27700 94
Vérification.	80000f 00c

En comparant les deux résultats, on verra que le premier associé, suivant la nouvelle méthode, reçoit 5248f,41c de moins ; le second, 2294f,65c de moins, tandis que le troisième reçoit 7543f,06c de plus.

981. Il est admis dans le commerce, et c'est d'ailleurs un principe de justice incontestable, que la répartition d'une perte dans une entreprise qui échoue doit être rigoureusement la même que celle du bénéfice si l'entreprise avait prospéré. Comme application de ce principe, nous disons que l'on devra répartir les 80000 fr. de perte comme suit :

Le premier associé perdra	20060 fr.
Le second.	24696
Le troisième.	35244
Vérification.	80000 fr.

Or, le premier associé qui avait exposé **25000 fr.** dans l'entreprise ne retirera, après liquidation, que **25000** — **20060** ou **4940 fr.**

Le second associé n'aura plus à retirer que **40000** — **24696** ou **15304 fr.**

Le troisième qui avait exposé **60000 fr.** ne retirera que **60000** — **35244** ou **24756** fr.

On trouve, en effet, que **4940** + **15304** + **24756** = **45000 fr.**, somme égale aux trois mises de fonds diminuées des **80000 fr.** de perte.

Remarquons enfin que ce résultat est loin d'être absurde, comme l'est celui auquel conduirait la méthode employée par tous les auteurs d'arithmétique.

982. Si l'on suit les principes de répartition établis par la nouvelle règle du n° 399, on cherchera d'abord l'intérêt commercial de chaque mise au **6 %**, ce qui donnera :

Pour la 1re mise	de 100f	pendant	3 mois . .	2f	»c
Pour la 2e	— de 250	—	2 mois . .	2	50
Pour la 3e	— de 50	—	14 mois . .	3	50
Somme des prélévements à faire.				8f	»c

Donc, la somme à répartir n'est plus que de **4500** — **8** = **4492** fr. ; tel est le gain qu'il s'agit de partager proportionnellement aux nombres **100**, **250**, **50**, ou plus simplement encore proportionnellement aux nombres **2**, **5**, **1**. L'opération, effectuée d'après les règles connues, donnera :

Gain du premier associé.....	2f	+ 1123f	=	1125f
Gain du second —	2f,50	+ 2807f,5	=	2810
Gain du troisième —	3,50	+ 561,5	=	565
Vérification.				4500f

Si l'on compare ces résultats à ceux qu'a obtenus M. Reynaud, on trouvera des différences énormes. Cela tient à ce que l'exemple choisi par cet auteur s'écarte des conditions ordinaires du commerce. On voit, en effet, que le bénéfice supposé est fabuleux, relativement à l'importance des mises. Aussi, pensons-nous que dans l'exemple actuel les **2100** fr., attribués au troisième associé par l'ancienne méthode, sont infiniment trop forts, tandis que les **565** fr. que nous avons trouvés pour le même associé constituent un gain trop faible ; c'est donc le cas de répéter ici les observations qui terminent le nº **398** : « Il est bien difficile » d'établir une règle fixe pour la répartition des bénéfices » ou des pertes, dans le cas où les mises et le temps sont » inégaux, car chaque genre d'entreprise entraîne des con» ditions particulières. »

983. La répartition du bénéfice, faite par Bezout, entre les trois associés est bien conforme au principe admis dans les traités d'arithmétique ; mais cette répartition n'en est pas moins inadmissible et peu équitable, et l'on devra l'opérer conformément à la règle du nº **399**.

Pour cela, on déterminera encore au taux commercial de **6** % l'intérêt de chaque mise pendant la durée de placement, ce qui donnera :

Pour la 1re mise de 3000lt	pendant	6 mois...	90lt
Pour la 2e mise de 4000	—	5 mois...	100
Pour la 3e mise de 8000	—	9 mois...	360
Total des intérêts...........			550lt

Telle est la somme qu'il s'agit de prélever avant partage; il ne restera donc plus que 12050 — 550 ou 11500 à répartir proportionnellement aux trois mises 3000, 4000, 8000, ou mieux encore proportionnellement aux nombres 3, 4, 8; si donc l'on opère d'après l'une des méthodes connues, on trouvera comme suit la part du gain de chaque associé :

Gain du 1er associé...	90lt + 2300	= 2390lt		
Gain du 2e — ...	100 + 3066 $^{2}/_{3}$	= 3166	13s	4d
Gain du 3e — ...	360 + 6133 $^{1}/_{3}$	= 6493	6	8d
Vérification..........		12050lt	0s	0d

Bezout trouvait, au contraire, que la répartition devait être faite comme suit :

Gain du 1er associé	1971lt	16s	4d	$^{4}/_{11}$
Gain du 2e —	2190	18	2	$^{2}/_{11}$
Gain du 3e —	7887	5	5	$^{5}/_{11}$
Vérification........	12050lt	0s	0d	0

En comparant les deux résultats, on trouve des différences considérables qui prouvent la nécessité d'abandonner une méthode si peu conforme à l'équité, et que le commerce n'a d'ailleurs jamais admise.

EXERCICES ET PROBLÈMES

Sur les chances de la vie et sur les rentes viagères.

984. Si l'on consulte la Table de Duvillard, on verra qu'à côté de l'âge proposé, 35 ans, se trouve le nombre 404012, ce qui signifie que sur un million de naissances, il ne reste plus, 35 ans après, que 404012 survivants; la question proposée se réduit alors à ces termes : Dans combien d'années les 404012 seront-ils réduits de moitié? Si l'on prend la moitié de 404012, on aura 202006; il ne reste plus qu'à chercher dans la table à quel âge correspond ce dernier nombre. L'inspection de la table indique que ce dernier nombre tombe entre 204380 et 195054 qui correspondent entre 61 et 62 ans; il y a donc à parier un contre un qu'une personne, âgée de 35 ans, atteindra 61 ans. Donc enfin, cette personne peut espérer vivre encore de 26 à 27 ans.

On a vu, en effet, par la démonstration de la page 395, que, quand il meurt 50 personnes sur 100 dans un temps déterminé, il y avait autant à parier pour la vie que pour la mort de chacune d'elles.

Si l'on consulte maintenant la Table de Deparcieux, en procédant comme nous venons de l'indiquer pour la Table de Duvillard, on verra qu'à côté de 35 se trouve le nombre 694, ce qui signifie que sur 1000 têtes, choisies à l'âge de 3 ans, il n'en reste plus que 694 à l'âge de 35 ans; or, la moitié de 694 est 347, nombre qui correspond à 68 ans. Il est donc probable, d'après cette table, que la personne, âgée de 35 ans, atteindra sa 68me année; elle peut donc espérer vivre encore 33 ans.

Comme on le voit, cette dernière table offre plus de probabilité de vie que la première, et cela devait être par la raison que Deparcieux prend pour point de départ l'âge de 3 ans, et que, de plus, ses observations ne portent que sur des têtes choisies.

985. Si l'on prend dans la table de Duvillard le nombre de survivants qui correspond à l'âge de 35 ans, on trouve 404012, tandis qu'à 36 ans il n'en reste plus que 397123. Il suit de là que dans le courant de l'année il en est mort 404012 — 397123 ou 6889. Si donc l'on veut connaître la proportion par 100, on posera la proportion suivante :

$$404012 : 6889 :: 100 : x,$$

$$\text{d'où } x = \frac{6889 \times 100}{404012} = 1{,}7,$$

c'est-à-dire qu'il doit mourir 2 personnes sur 100, ou plus exactement 17 sur 1000, ce qui signifie aussi que sur 1000 chances il y en a 17 défavorables et 983 favorables.

986. Cette question est intimément liée à celle du n° 984 ; mais elle ne peut être résolue que par un coup-d'œil général jeté sur la table I et après un certain nombre de tâtonnements. Prenons par exemple le premier nombre 1000000 ; la moitié est 500000 qui tombe entre 20 et 21 ans, résultat remarquable qui prouve que sur un million d'enfants la moitié seulement atteignent leur 20me année.

A 10 ans, on peut espérer vivre encore 43 ans.

A 20 ans, on peut vivre encore 36 ans.

On trouvera de même qu'à l'âge de 30 ans, le nombre

d'années probable qui reste encore à une personne est de 29 ans.

Ces quatre tâtonnements suffisent pour démontrer que l'âge cherché se trouve compris entre 1 an et 10 ans; si donc l'on continue les tâtonnements entre ces deux limites, on trouvera que l'âge auquel on peut espérer vivre le plus grand nombre d'années possible est de 4 à 5 ans. En effet, on trouve qu'alors la durée probable de la vie est de 45 ans, maximum fourni par la table.

987. Cette question, comme la précédente, ne peut être résolue que par tâtonnements; or, ceux que nous avons faits pour ce problème nous démontrent que cet âge est près de 30 ans. En effet, à l'âge de 30 ans, on a encore 29 ans à vivre, tandis qu'à 29 ans la table donne 30 années de vie probable; c'est donc entre sa 29me et 30me année qu'une personne a la probabilité d'avoir atteint la moitié de sa vie.

988. Il est facile de résoudre cette question à l'aide des règles que l'on vient d'appliquer. Or, comme on veut ici faire usage de la table de Deparcieux, on trouvera que la personne, âgée de 74 ans, peut espérer vivre encore de 6 à 7 ans, tandis que la personne, âgée de 80 ans, n'a que 4 années de vie probable. Donc enfin, la première personne peut espérer survivre de 2 ou 3 ans à la seconde.

989. Cette personne doit d'abord déterminer le nombre d'années probable qu'elle peut espérer vivre encore. Or, en procédant comme on l'a fait pour le problème 984, on trouvera qu'une personne, âgée de 56 ans, peut (Table I) vivre encore de 13 à 14 ans. On prendra 13 de préfé-

rence à 14 comme plus favorable à la valeur de la rente viagère. Cela posé, la question se réduit à celle-ci :

Quelle annuité doit-on payer pour amortir une somme de 8500 fr. dans l'espace de 13 ans?

Cette question ne peut être résolue qu'à l'aide de la formule algébrique déterminée dans le troisième volume du Cours, *page* 257, et cette formule est :

$$a = \frac{Cr(1+r)^n}{(1+r)^n - 1}.$$

Si donc on remplace dans cette formule les lettres par leurs valeurs respectives, on aura :

$$a = \frac{8500 \times 0{,}05 \times (1.05)^{13}}{(1{,}05)^{13} - 1}.$$

En cherchant la valeur de $(1{,}05)^{13}$ par le moyen des logarithmes, on trouvera :

$$\text{Log. } 1{,}05 = 0{,}0211893$$
$$13 \times \text{Log. } 1{,}05 = 0{,}27546090.$$

Or, le nombre auquel correspond ce dernier logarithme est 1,8856, et la formule ci-dessus devient :

$$a = \frac{8500 \times 0{,}05 \times 1\ 8856}{0{,}8856} = 904^{f},90^{c}.$$

Donc, la rente viagère à exiger devra être de $904^{f},90^{c}$.

990. Cette question diffère peu au fond de la précédente. Seulement, nous supposons ici que c'est l'acquéreur qui veut savoir s'il a fait ou non une bonne affaire ; or, il doit, par prudence, supposer les cas les plus défavorables. Pour cela, il déterminera d'abord la vie probable du célibataire d'après la Table de Deparcieux, et il trouvera (problème 984)

qu'une personne, âgée de **61** ans, peut espérer vivre encore de **13** à **14** ans. Prenant alors **14**, âge probable *maximum*, il ne lui restera plus qu'à chercher la valeur de l'annuité capable d'éteindre en **14** ans une dette de **25000** fr. La formule du n° précédent lui donnera :

$$a = \frac{25000 \times 0{,}05 \times (1{,}05)^{14}}{(1{,}05)^{14} - 1}.$$

Or, la valeur de $(1{,}05)^{14}$, trouvée par les logarithmes, est égale à : **1,9799**, et la substitution de cette valeur dans l'expression précédente donne enfin :

$$a = \frac{2500 \times 0{,}05 \times 1{,}9799}{0{,}9799} = 2525^{f},64^{c}$$

Cette valeur, comparée à 2500^{f}, rente viagère au **10** % que l'acquéreur s'est obligé à desservir, prouve que si l'acquéreur n'a pas fait une brillante affaire, il l'a faite néanmoins dans d'assez bonnes conditions.

991. A l'aide de la formule algébrique, exposée 3me volume du Cours, *page* 252, et qui sert à calculer ce que devient une somme placée à intérêts composés, il sera facile de trouver la somme que les survivants auront à se partager au bout de **20** ans. En effet, on a :

$$S = 20 \times 3000\,(1{,}05)^{20},$$

ou bien Log. S = Log. 20 + Log. 3000 + 20. Log. 105.

Or,	Log. 20	=	1,30103000
	Log. 3000	=	3,47712130
	20. Log. 1,05	=	0,42378400
	Donc Log. S	=	5,20193530

Le logarithme de S correspond au nombre **159197** fr. ; telle est la somme à partager au bout de **20** ans.

Mais quel sera le nombre des survivants? Pour trouver ce nombre, on dira (Table I) : si 369404 personnes, à 40 ans, se réduisent à 213567 au bout de 20 ans, à combien se réduiront 20 personnes dans les mêmes conditions? ce qui revient à la proportion suivante :

$$369404 : 213567 :: 20 : x.$$

Cette proportion donnera de 11 à 12 survivants ; en admettant donc ce dernier nombre, la part de chaque survivant sera le 12e de 159197f ou 13266f,41.

992. Comme l'énoncé du problème n'indique pas l'âge de l'oncle, la question ne peut être traitée que d'une manière générale ; d'ailleurs, le problème est tout-à-fait analogue à ceux des nos 989, 990. En effet, dès que la durée probable de la vie d'une personne a été calculée, toute la question se réduit à celle-ci : *Quelle est l'annuité qui permet d'amortir une somme de* 10000 *fr. par exemple dans un nombre d'années déterminé?* Or, nous avons vu, dans les deux problèmes cités, comment on peut résoudre une question de cette nature.

Cela posé, si la compagnie n'exigeait de l'assureur que l'annuité a donnée par la formule, il n'y aurait ni perte ni bénéfice mais comme dans l'espèce la compagnie se réserve un bénéfice de 15 %, il resterait à résoudre la proportion suivante :

$$100 : 115 :: a : x,$$

proportion qui ferait connaître l'annuité exigée par la compagnie.

993. Les compagnies se servent, suivant les circonstances, tantôt de la Table de Duvillard, tantôt de celle de Deparcieux. En effet, si, comme dans le problème précédent,

elles ont à exiger une annuité pour payer ensuite une somme S au décès d'un individu, elles prennent alors la Table I qui donne moins de vie probable, afin de grossir la valeur de l'annuité qu'elles ont à percevoir. Au contraire, si, comme dans le problème 990, elles ont à desservir une rente viagère, elles prendront la Table II, plus favorable à la durée probable de la vie, ce qui amoindrit le montant de l'annuité ou de la rente viagère.

En réfléchissant d'ailleurs sur les problèmes 989 et 990, on comprendra pourquoi la personne qui veut vendre à fonds perdu calcule la rente viagère d'après la Table I, tandis que l'acquéreur, dans le second cas, fait usage de la Table II.

EXERCICES ET PROBLÈMES

Sur les puissances et les racines.

994. D'après la loi exposée n° 404 sur la différence qui existe entre les carrés de deux nombres entiers consécutifs, on aura pour la différence demandée 2 fois 17 plus 1 ou 35 unités; en effet, le carré de 18 égale 324; celui de 17 égale 289, et l'on a $324 - 289 = 35$.

995. On a démontré, dans le n° 404, que la différence qui existe entre les cubes de deux nombres entiers consécutifs était égale au triple carré du plus petit nombre, plus trois fois ce nombre, plus un; donc, la différence cherchée sera :

$$3.40^2 + 3.40 + 1 = 4800 + 120 + 1 = 4921.$$

En effet, on trouve que $(40)^3 = 64000$ et $(41)^2 = 68921$, et en faisant la différence :

$$68921 - 64000 = 4921.$$

996. Comme l'indice de la racine à extraire ne contient

ici que les nombres premiers 2 et 3, car $6 = 2.3$, on obtiendra la racine 6e demandée à l'aide de l'extraction d'une racine cubique et de l'extraction d'une racine carrée ; on aura donc :

$$\sqrt[3]{262144} = 64 \quad \text{et} \quad \sqrt{64} = 8.$$

Le nombre 8 est donc la racine 6e demandée.

On trouve, en effet, que 8^2, élevé à la 3e puissance, donne $8^2.8^2.8^2$, ou bien $8.8.8.8.8.8$, puisque $8^2 = 8.8$. Il suit de là que la racine carrée de la racine cubique du nombre proposé donne bien la racine 6e de ce nombre.

997. Par la méthode ordinaire, il faudrait 17 multiplications pour élever un nombre à sa 18e puissance ; mais si l'on observe que l'exposant $18 = 2.3.3$, on verra, d'après la règle et la démonstration du nº 410, que l'on élévera le nombre proposé à sa 18e puissance, en l'élevant d'abord au carré, puis en faisant le cube de ce carré, ce qui donnera la 6e puissance, et enfin en faisant le cube de cette 6e puissance, ce qui donnera la 18e puissance demandée. Hâtons-nous de dire que l'emploi des logarithmes serait évidemment ici le mode le plus avantageux.

998. On sait que l'indice 24 de la racine demandée est égale à $3.2.2.2$; donc, en vertu des principes du nº 411, il sera possible d'extraire cette racine *arithmétiquement* d'abord par une extraction de racine cubique, ensuite par trois extractions successives de racine carrée, ce qui donnera : $\sqrt[3]{282429536481} = 6561$, puis $\sqrt{6561} = 81$, ensuite $\sqrt{81} = 9$, enfin $\sqrt{9} = 3$.

Donc, 3 est la racine 24e demandée.

999. Supposons, pour plus de simplicité, que l'on demande la racine 6e de 17 à un centième près; la racine demandée aura deux décimales, et comme elle entre 6 fois comme facteur dans la puissance, la règle de la multiplication (*Arith.*, page 97) indique que cette puissance aura 12 décimales, c'est-à-dire 2×6; il faut donc, avant d'extraire la racine 6e de 17, mettre 12 zéros à sa droite. Si l'on voulait extraire cette même racine à un millième près, il faudrait mettre $3 \times 6 = 18$ zéros. On conclut de là qu'en général il faut multiplier le nombre entier ou décimal dont on demande la racine par $10^{m \cdot n}$, m étant l'indice de la racine demandée, et n le nombre de décimales que l'on veut obtenir. (Voir, pour plus de détails, le calcul des radicaux, troisième volume du Cours, *page* 184).

1000. On sait (page 409) que l'on extrait la racine 4e d'un nombre à l'aide de deux extractions de racine carrée, et comme on veut ici la racine 4e à un millionième près, c'est-à-dire avec 6 décimales, on devra d'abord multiplier 10 par $10^{4 \cdot 6}$, en d'autres termes, mettre 24 zéros après le nombre proposé, ce qui donnera :

$$\sqrt{10{,}0000\,0000\,0000\,0000\,0000\,0000} = 3.162277660168.$$

$$\text{et enfin} \quad \sqrt{3{,}162277660168} = 1{,}778279\,;$$

telle est la racine 4e de 10 à un millionième près.

FIN.

Carpentras. — Imprimerie de L. Devillario.

www.ingramcontent.com/pod-product-compliance
Lightning Source LLC
LaVergne TN
LVHW050428160826
845677LV00002BA/591

* 9 7 8 2 3 2 9 6 8 7 2 4 7 *